Die Göttin des neuen Jahrtausends

Ilse-Maria Fahrnow

Die Göttin des
neuen Jahrtausends

ch. falk-verlag

Originalausgabe
© ch. falk-verlag, seeon 2006

Umschlaggestaltung: Ch. Falk und Ch. Riecken
nach einem Gemälde von Huta, Pondicherry, Indien,
aus „Meditations on Savitri", Sri Aurobindo International Centre
of Education, Pondicherry, Indien

Satz: Plejaden Publishing Service, Neetze
Druck: Druckerei Sonnenschein, Hersbruck
Printed in Germany

ISBN 3-89568-153-9

Inhalt

Einleitung 7

1 Frieden 11

2 Heilung 15

3 Widersprüche 19

4 Stagnation 23

5 Vereinigung (Integration) 27

6 Bei den 3000 Jahre alten Bäumen 29

7 Männlich und weiblich 31

8 Veränderung 33

9 Gottesdienst 37

10 Der Menschenkristall 41

11 Aufstieg 45

12 Herzenslandschaft 49

13 Kinder und Wachstum 53

14 Transformation 57

15 Existenzängste 59

16 Licht 63

17 Schulung (Lehrer und Schüler) 67

18 Engel und Geistführer 71

19 Der Ruf der Seele 75

20 Vertrauen 79

21 Natur 83

22 Hierarchien und Neuordnung 85

23 Vertrauen und Sicherheit 89

24 Neuordnung 93

25 Gefühle 97

26 Katastrophen 101

27 Hüter der Schöpfung 105

28 Der Lichtkörper 109

29 Geld 113

30 Freiheit 117

31 Nahrung 121

32 Das Höhere Selbst 125

33 Meisterschaft 129

Über die Autorin 133

Einleitung

Seit ich denken kann, ist mir die liebevoll behütende Energie der weiblichen Gottheit vertraut. Völlig selbstverständlich sprach ich mit ihr als Kind über alles, was mich beschäftigte. Meine Sorgen und Nöte waren bei Ihr gut aufgehoben. Und oft überraschte Sie mich mit kleinen Geschenken oder besonderen Fügungen auf meinem Weg. Immer war mir klar: Wenn ich nur hören und folgen wollte, war alles einfach.

Natürlich unterschieden sich meine Wünsche manchmal von den inneren Hinweisen, die ich erhielt. Kindisch versuchte ich zu feilschen – vielleicht könnte es ja doch nach meinem Willen gehen; wenigstens ein bisschen? Großzügiger Respekt umhüllte mich; sanft und leise trat Sie in den Hintergrund, und ich durfte erfahren, was ich so unbedingt erproben wollte. Keine Strafe oder Kritik erfolgte – wann immer ich Zuflucht nahm bei dieser großen Liebesqualität, war Sie sofort wieder in vollem Umfang für mich da.

Zahlreiche praktische Hinweise der Göttin halfen mir auf meinem Lebensweg. Manch ein gelungenes Projekt verdanke ich dieser Unterstützung. Trost und Geborgenheit in Momenten der Verstrickung waren und sind wie eine immer fließende Quelle ihr Geschenk an uns Menschen. Wo Sie mir mit Klarheit oder Strenge begegnete, erfuhr ich gleichzeitig den zärtlichsten Humor: wie in duftende Seide eingehüllt überreicht die Göttin ihre Botschaften. Selbst in den Momenten ernsten Erwachens ist alles getragen von der Unendlichkeit reinster Liebe. Und was sollte noch schwierig sein, wenn wir uns solchermaßen geliebt wissen dürfen?

Seit fast 30 Jahren unterstützte mich diese Liebesenergie dann auch in meiner Arbeit mit Menschen. Ich konnte mich auf Sie verlassen: ohne Unterlass, bei der täglichen Arbeit und während meiner nächtlichen Träume – immer war Sie da und half mir zu helfen. Mehrmals im Laufe der Zeit traf ich Ihrem Hinweis folgend unkonventionelle Entscheidungen. Immer zeigte sich in der Folge davon die unermessliche Klugheit und Stimmigkeit dieser Quelle. Unzählige Male durfte ich staunen, wie wunderbar sich alles fügte. Jedes noch so kleine Detail, Momente, die ich in meiner Begrenztheit niemals bedacht hätte – alles fand seinen passenden Platz im Göttlichen Bild.

Und dann überraschte mich die Göttin vor einigen Jahren mit dem Auftrag, mich ganz und auch öffentlich für ihre Lehren zur Verfügung zu stellen. Nachdem ich mehr als 20 Jahre wie ein „undercover agent" meine private Beziehung mit Ihr gepflegt hatte, sah ich plötzlich Bilder, in denen ich öffentlich mit Ihr und über Sie sprach. Ganz erschrocken schaltete ich erstmal „den Bildschirm" aus. Zart und nachhaltig klopfte Sie an – ich stürzte mich in Berge von unruhiger Arbeit und hörte nicht hin. In der heilerischen Arbeit beschenkte Sie mich mit Ehrfurcht gebietenden Erfahrungen. Ich deklarierte kurzerhand alles als nicht mit mir in Zusammenhang stehend. Und ich überzeugte mich täglich aufs Neue, dass dieses Thema bei anderen Menschen nun wirklich nicht auf Interesse stoßen dürfte.

Sie belehrte mich eines Besseren und sandte Menschen auf meinen Weg, die mir ihr Interesse zeigten. Ich durfte Fragen beantworten und Hinweise weitergeben. Ich durfte tief gerührt und dankbar erfahren, dass mein Dienst angenommen wurde und Wirkungen zeigte. Irgendwann gab ich das Versteckspiel dann auf und akzeptierte.

Vielleicht ist es noch wichtig, hinzuzufügen, dass ich nie auch nur ansatzweise gedrängt war. Die Energie der Göttin fühlt sich an wie eine leise, sehr zarte Melodie im Hintergrund. Jederzeit können wir die Lautstärke des Alltags so regulieren, dass Sie kaum noch hörbar erscheint.

Wenn wir uns aber auf diese Liebeskraft ausrichten, erfahren wir Wunder über Wunder in den vielschichtigen Dimensionen unseres Seins. Nichts ist köstlicher, tröstender und praktisch hilfreicher als diese Quelle. Getragen und geborgen in einem Ozean der Liebe, sind wir gekrönt und gesegnet als Ihre Kinder. Aller Zweifel, alle Ver-Zweiflung lösen sich auf in Ihrer Präsenz. Und voller Glück erfahren wir das wirklich bestaunenswerte Erbe unseres Mensch-Seins: pures Liebeslicht mitten in uns.

Also wage ich es, Ihnen, liebe Leserin, und Ihnen, lieber Leser, diese Botschaften zu überreichen. Mein Verstand bemängelt zwar immer noch den teilweise umständlichen Sprachstil und die nicht immer „aufregenden" Inhalte. Gleichzeitig aber lacht mein Herz in Leichtigkeit, denn es weiß um die Energie der Liebe, die hinter den Worten wirkt.

Möge diese Energie Sie beschenken, einhüllen und erfüllen – soviel, wie Sie selbst es in Ihrem Leben passend finden! Möge Ihr Weg gesegnet sein im Licht des Göttlichen, so dass diese ganz besondere Zeit in der Geschichte der Menschheit Ihnen Glück bringe! Mögen sich Ihre tiefsten und bedeutsamsten Sehnsüchte erfüllen; auf dass wir alle gemeinsam Teil haben an unserem kostbaren Erbe! In Liebe und Dankbarkeit.

Ilse-Maria Fahrnow

Frieden

Seid gesegnet, meine Kinder, in tiefster Liebe und Anerkennung. In der heutigen Zeit ist es ganz besonders wichtig, dass ein jedes von euch seine Göttlichkeit erkennt. Denn erst dann, wenn ihr erkennt, wie ein jedes von euch ein Strahl aus der tiefsten göttlichen Quelle ist und das göttliche Leben hier auf Erden verwirklicht, werdet ihr verstehen, dass es in euch einen Kern gibt, der EINS ist mit dem GANZEN.

Und all das, wonach euer Herz verlangt, all das, wonach eure Sehnsucht schreit, Frieden auf der Erde, menschliche Bindungen in Liebe, Glück und Erfüllung, Entwicklung eurer Möglichkeiten und Potenziale, Nahrung, Geborgenheit, Verwurzelung auf einem guten Platz, den ihr wählt, all das steht euch zu, und ihr könnt es erschaffen. Die Voraussetzung dafür ist, dass ihr die Illusion der Trennung beendet. Voraussetzung ist, dass ein jedes von euch erkennt: ICH BIN die reinste Essenz GÖTTLICHEN LICHTES. Ein Strahl aus dem Strahlenbündel des großen GÖTTLICHEN EINEN LICHTES.

Und indem ihr dieses erkennt, werden alle Streitmomente, alle Widersprüche, alle Verletzungen, die ihr euch noch zufügt – euch selbst und euch untereinander – ein Ende finden. Denn es ist ganz selbstverständlich, dass ein Lichtstrahl nicht den anderen Lichtstrahl angreifen wird.

Ihr seid hier, um euch zu erfreuen, um die wirklich göttlichen Potenziale, eure innersten Schätze, zu manifestieren, euch zu entfalten und zu entwickeln, so dass Gott durch euch leben kann. Und allein dafür, dass ihr diese Möglichkeit habt, seid ihr geehrt und geliebt im gesamten Universum, in allen Dimensionen und in den Universen der Vielfalt, die das Göttliche permanent erschafft.

Eure Sehnsucht ist es, Heilung zu empfangen, ganz zu sein; und diese Sehnsucht ist ein Impuls eurer innersten Göttlichen Seele, die ganz genau weiß, woher sie stammt, wohin sie gehört und wovon sie Teil ist. Teil des Ganzen, Teil des einen lebendigen Seins. Und wenn ihr euch wünscht, eurer Sehnsucht zu folgen, dem Licht zu folgen und eure innersten Schätze zu entdecken, dann ist es wichtig, euch das volle Maß, das uneingeschränkte Maß Göttlicher Liebe, Anerkennung und Achtung selbst zu schenken.

Lernt, zu staunen darüber, wie wunderbar leuchtend und schimmernd der göttliche Kern in jedem von euch ist. Lernt, ihn zu entdecken in den Augen der Kinder, in den Gesten der Liebenden, im Rauschen der Blätter eines Baumes, im Leuchten des Sonnenlichtes, im Glanz der Himmelsfarben. Lernt ihn erkennen und erfreut euch daran. Und indem ihr eurem Inneren diese Achtung und Liebe schenkt, indem ihr euch hingebt an den göttlichen Kern in euch, erschafft ihr einen neuen Frieden im Herzen.

Ihr werdet erfahren, dass dieser neue Friede im Herzen eines jeden von euch und einer jeden von euch ausstrahlt. Und ihr werdet spüren, wie die Strahlen, die über euer körperliches Sein hinausgehen, sich verbinden mit den Strahlen anderer Menschen. Und ihr werdet sehen und erfahren, wie diese lichtvolle Ausstrahlung über den Planeten geht, sich ausbreitet und ein Netz erschafft zwischen den Herzen der Menschen.

Und weil ihr alle, ein jedes von euch, im Herzen mit diesem Netz verbunden seid, wird es so kommen, dass auch diejenigen, die jetzt noch mit ganz anderen Dingen beschäftigt sind, mehr und mehr erwachen und die Süße dieses Herzensfriedens zu spüren beginnen.

Und je mehr von euch erwachen, je mehr von euch entscheiden, den Frieden im Herzen zu entfalten, zu pflegen und zu mehren, desto näher kommt ihr dem Ziel eurer großen Sehnsucht – Frieden auf Erden zu genießen. Und umso näher kommt der Moment, in dem ihr entdecken werdet, dass Zwietracht, Neid, Geiz, gewinnen wollen, siegen wollen, Kriege führen wollen oder streiten im Kern ein unsinniges Unterfangen ist. Denn ihr alle seid Teil des großen Göttlichen Körpers, der großen Göttlichen Menschenseele.

Und so wäre es unsinnig, einen Teil des Ganzen abzulehnen oder gar zu zerstören. So unsinnig, als wenn du dir einen Arm deines Körpers zerstören würdest, der doch zu dir gehört und den du in deinem Leben brauchst. Und ich lade euch ein, meine Kinder, erinnert euch daran, Teil dieser Einheit zu sein.

Beginnt damit, diese Einheit zu erspüren und zu genießen. Beginnt damit, euch daran zu erfreuen und die Sicherheit und Gewissheit zu entdecken, dass dieses Verständnis der Nährboden eines glücklichen Lebens ist. Und ich lade euch ein, an meinem Herzen zu ruhen und in meinen Armen die Geborgenheit zu erfahren, nach der ihr euch sehnt. Und während ihr das tut, wird ganz still und zart in euch die Pflanze der Zuversicht wachsen, und ihr werdet entdecken und wissen, wer ihr wirklich seid.

In Liebe und Dankbarkeit

Heilung

In tiefer Liebe und tiefer Dankbarkeit. Seid gegrüßt, meine liebsten Kinder. Kinder Gottes und der Göttin, ich habe euren Ruf vernommen und spreche zu euch über Heilung. Heilung, Ganzsein, bedeutet, dass ihr euch erinnert. Und dieses Wort „erInnern" gibt den Hinweis auf den Weg, den ihr nehmen mögt: den Weg in euer Innerstes. Öffnet euch, erkennt die Gelegenheit, euch zu verbinden – mit dem, was ihr eigentlich seid.

HEIL-SEIN bedeutet GANZ-SEIN. Und die Erinnerung an euer ursprüngliches Geburtsrecht ist die Erinnerung an eure GÖTTLICHE HEILIGE EINHEIT. Gesegnet seid ihr Menschenkinder, wenn ihr euch daran erinnert. Und indem ihr dies tut, öffnet sich für euch das Portal, das euch hindurchschauen lässt durch die Kanäle und Ebenen hinter den Dingen eurer alltäglichen Welt.

Und wenn ihr mögt, betretet jetzt mit mir die Schwelle dieses geöffneten, für euch geöffneten Portals und wagt einen Blick hinein in die Räume der unendlichen Herrlichkeit. Wagt es, euch zu erfreuen an den Schätzen, die das Göttliche für euch bereithält. Erinnert euch daran, dass Myriaden von göttlichen Wesenheiten in der Erwartung hier sind, euch zu segnen, euch zu geleiten und euch in allen Dingen, die ihr verwirklichen und erschaffen möchtet, zur Seite zu sein. Und so schaut mit Staunen in diese Welt hinter dem Schleier eures alltäglichen Seins und nehmt wahr, wie groß das Göttliche Erbe ist, zu dem ihr gehört.

Und all diese Wesenheiten, die Myriaden göttlicher Gehilfen und lichtvoller Energiepotenziale, sind ebenso Teil von dir wie du Teil von ihnen bist. Und indem du dieses erkennst und tief in dein Herz aufnimmst, tust du den ersten und wichtigsten Schritt zu deiner Heilung und deiner Einswerdung.

Und als nächstes lass diese Erkenntnis sich ausbreiten in dir. Lass das Gefühl, angekommen zu sein, in alle deine Zellen sickern. Lass es sich ausbreiten in allen Teilen und Aspekten deines Seins. In deinem Körper, mit allen seinen Organen und Zellen, und in den Flüssigkeiten deines Körpers; den Mustern deines Gefühlslebens und in den Strukturen deiner Gedankenwelt. Und indem du diesen Keim göttlichen Erkennens sich ausbreiten lässt, ihn bewusst erinnerst, so oft wie möglich, an jedem Tag deines Seins, indem du dich erinnerst und dieses Erkennen stärker und stärker werden lässt, besitzt du in dir den Schlüssel zur Heilung.

Und wenn du es erlaubst und dein Einverständnis gibst, wird dieser Heilungsschlüssel mit der Hilfe all jener Myriaden göttlicher Energiepotenziale und Wesenheiten dafür sorgen, dass sich die Muster und Strukturen deiner Gedanken reinigen, so dass deine Gefühle Entspannung finden. Und dass sich dein Körper infolge davon erholt, entschlackt und entgiftet von allen Mühsalen und neue Ordnung findet. Und während du mit diesen Worten in Kontakt bist und mit der Energie dieser Worte in Berührung kommst, nehmen alle deine Zellen, Gedanken und Gefühle die Botschaft auf.

Und ich lade dich ein, wenn du es möchtest, jetzt Einverständnis zu geben, dass sich alle Teile deines Seins, alle Aspekte deines Seins neu ordnen, im Sinne Göttlicher Liebe und Göttlichen Friedens. Und wenn du magst, nimm einen tiefen Atemzug und spüre in allen Zellen die Entspannung und Erleichterung, die jetzt für dich erschaffen ist.

Seid gesegnet, meine Kinder, für den Dienst, den ihr in der engen und manchmal schmerzhaften Starre eures dreidimensionalen Lebens vollbringt. Seid gesegnet und findet Trost in der

Gewissheit, angebunden zu sein an die Liebe des Göttlichen und an die Verheißung eurer eigenen Entwicklung im Licht. Wir segnen euch und danken euch und stehen im Herzen der Liebe bei euch, um euch euren Weg so sanft und angenehm wie nur möglich zu gestalten.

In Liebe und Dankbarkeit.

Widersprüche

Seid gesegnet, meine geliebten Kinder. Heute spreche ich zu euch über die Widersprüche eures Lebens. Ihr habt diese Widersprüche erschaffen, um euch der Göttlichkeit auf ganz besondere und nachhaltige Weise zu vergewissern. Und während ihr dieses schwere Los auf euch genommen habt, euch scheinbar zu trennen von eurer Quelle, und in den Polaritäten der dreidimensionalen Welt seid, habt ihr die verschiedensten Facetten des göttlichen Lichtes manifestiert und ergründet.

Und über Jahrtausende habt ihr den Dienst angenommen, das Göttliche in die hunderttausendfachen Daseinsformen eurer Welt auf eurem Planeten einzubringen. Und indem ihr all das konfrontiert habt, indem ihr euch den Schmerzen, Verletzungen und Verstrickungen dieser Widersprüche gestellt habt, sie erfahren habt, ausgekostet habt und mit eurer Energie durchleuchtet habt, habt ihr ermöglicht, dass sich die göttliche Quelle bis ans Ende der Dualität zeigen konnte.

Das Göttliche in euch hat sich in hunderttausendfacher Form in Widersprüchen gespiegelt. So kennt ihr Tag und Nacht, Licht und Schatten, gut und böse, Krieg und Frieden, hungern und genährt sein, krank sein und heil sein, verbunden sein und abgetrennt sein, geliebt sein und gehasst sein und die vielen, vielen Facetten der polaren widersprüchlichen Welt. Und über Jahrtausende habt ihr eine Art Opferdienst geleistet, indem ihr euch weit entfernt habt von der Einheit eures eigentlichen Seins und dabei die Vielfalt der äußeren Form erschaffen und erkundet habt.

Und all die Schmerzen, die ihr auf euch genommen habt, gehen jetzt zu Ende. Denn die Zeit ist gekommen, wo ihr die Einheit hinter den Dingen, die Einheit aller Erscheinungen und die Einheit in der Vielfalt zu erkennen beginnt. Und so ist es eine große Freude und Erleichterung auch für die Myriaden göttlicher Wesenheiten und Energieformen hinter dem Schleier, zu erleben, wie die hunderttausend Erscheinungsformen eurer Welt langsam durchlässiger werden, wie starre Strukturen zu schmelzen beginnen und wie das Erkennen des einen Göttlichen Lichtes in euch Raum nimmt.

Und ihr, geliebte Menschenkinder, habt dieses erschaffen. Ihr seid den Weg der Dualität und Widersprüche sehr weit gegangen. Ihr habt euch hingegeben an die größten Schrecken, die in eurem Menschsein möglich sind. Und ihr habt im größten Schrecken den Schrei nach eurer Quelle in euch entdeckt. Und so entstand und entsteht eure Entscheidung, jetzt aufzuhören mit all dem Leiden, das Folge der Widersprüche und Folge der Dualität ist.

Und da euer Herz sich entschieden hat, beginnen die Dinge im Äußeren einfacher zu werden. Und ihr spürt immer öfter eine wachsende Leichtigkeit. Einfacher und schneller erfüllen sich die Dinge, die ihr euch ersehnt. Und einfacher und schneller erkennt ihr die Lösungen, die in euren Herausforderungen und Aufgaben schon angelegt sind. Und einfacher und schneller entdeckt ihr in der äußeren Welt die Momente der Verstrickung, Korruption und der Lüge. Und einfacher und schneller schafft sich die Wahrheit des einen Lichtes Raum.

Und ihr wisst: dieser Raum ist in euch. So wie ihr ihn außen wahrnehmt, so ist alles in euch. Deshalb könnt ihr das Äußere beobachten und studieren, um euer Inneres kennenzulernen. Und indem ihr die äußeren und inneren Erfahrungen tief in euer Herz nehmt, habt ihr die Gelegenheit, sie von diesem inneren

Raum heraus zu verwandeln. Und so lade ich euch ein, geliebte Menschenkinder, euer äußeres Leben zu betrachten, ins Herz zu nehmen und der Göttlichen Liebe, die in euch lebt, zu übergeben; so dass dieser lichtvolle Kern eures Inneren alles verwandeln und transformieren kann, was ihr im Moment als unvollkommen wahrnehmt.

Und so werdet ihr die Vollkommenheit des Göttlichen erfahren; Tag für Tag ein wenig mehr. Und ihr werdet es entdecken in den Dingen, die ihr abgelehnt habt, in den Situationen, vor denen ihr fliehen wolltet, in den Menschen, mit denen ihr im Streit lagt. Ihr werdet erfahren, wie dieses Göttliche, warme Liebeslicht in allem ist, in jedem Augenblick. Und das ist der Moment, wo die Einheit eures Seins euch wieder ganz ergreift.

Und wenn ihr mögt, erlaubt dieser Einheit, Besitz von euch zu nehmen und sich ganz in euren inneren Räumen auszubreiten. Und so seid ihr im Sinne des Wortes erFüllt. Und diese innere Fülle wird ausströmen und eine reiche Fülle in eurem äußeren Leben erschaffen. Und wo immer ihr einverstanden seid, dürft ihr den Segen und die Gnade des Göttlichen Lichtes empfangen und genießen. Und so lade ich euch ein, euch eures Göttlichen Lichtes bewusst zu sein, in jedem Augenblick, und euch daran zu erfreuen, wer ihr wirklich seid.

In Liebe und Dankbarkeit.

Stagnation

Seid gegrüßt, meine lieben Menschenkinder, und empfangt den Segen des Göttlichen. Viele von euch fühlen sich in dieser Zeit gebremst und manchmal behindert in ihren Impulsen. Ihr habt eine neue Energie auf euren Planeten gerufen, und jetzt ist die Zeit der Schulung. Die Zeit, in der ihr lernt, mit neuen, höheren Frequenzen zu leben.

Und alles, was in euch und um euch herum ist, wird diesen neuen, höheren Frequenzen angepasst – auf die sanftest mögliche Art. Und es ist wichtig für euch, zu wissen, dass ihr selbst es seid, die diesen Prozess, diese Entwicklung, herbeirufen und wünschen. Auch wenn es vielleicht ganz unbewusst geschah, dass ihr euch dies gewünscht habt, so ist es doch die Folge eurer freien Absicht.

Stellt euch vor, wie ein sanfter Wind beginnt, über eure Erde zu streichen. Er wird stärker und stärker. Und ihr könnt beobachten und wahrnehmen, wie die Pflanzen sich biegen und wiegen in diesem Wind, wie die großen Bäume zu rauschen beginnen, weil ihre Blätter bewegt werden, wie die Tiere Schutz suchen an manchen Stellen. Und wie die Menschen beginnen, ihr Hab und Gut zu halten, wenn es stürmisch wird. Und dieser geistige Sturm, der jetzt über die Erde fegt, hat die Kraft der Reinigung.

So wie die Luft sauber ist und erfrischend rein nach einem Gewitter und Sturm, so reinigt sich euer Innerstes in den geistigen Winden der jetzt täglich rascher schwingenden Energiemuster. Und all die Strukturen und Muster, die ihr über Jahrtausende in euren Gedanken, Gefühlen und Gewohnheiten entwickelt habt, werden jetzt von dem immer stärkeren Wind erfasst. So geschieht es, dass viele dieser Gewohnheiten und Muster sich aufzulösen beginnen.

Und in eurer Wahrnehmung kommt alles in eine neue Art von Überprüfung. So als würde das, was in euch ist, und das, was ihr seit Urzeiten als selbstverständlich hingenommen habt, an die Oberfläche kommen, zu eurer Betrachtung. Und dann ist es an euch, zu entscheiden, was davon ihr mitnehmen wollt in euer neues, einfacheres und leichteres Leben.

Manche Strukturen werden aufbrechen und für immer der Vergangenheit gehören. Und da, wo ihr diesem neuen Wind nicht folgen möchtet, fühlt es sich an, als würde Stillstand eintreten. Immer dann, wenn die neue Energie eine Lebendigkeit entfaltet, die die alten Strukturen herausfordert, kann Stagnation entstehen, und ihr habt das Gefühl, auf der Stelle zu treten.

Wenn ihr solche Momente in eurem täglichen Leben erfahrt, meine geliebten Menschenkinder, ist es an euch, zu entdecken, welche Strukturen und Muster, welche Gewohnheiten einer Erneuerung bedürfen. Es ist die rasche, neue Energie, die den Anstoß gibt. Und da, wo ihr diesem Anstoß noch nicht folgen möchtet, kann Spannung entstehen. Nutzt also diese Spannung als Hinweis darauf, dass es noch mehr gibt, in euch und um euch, was sich wandeln möchte.

Und wisst dabei: Diese Wandlung ist euer Geschenk! Euer großes Geschenk; das große Geschenk, um das ihr gebeten habt, damit ihr als Menschheit Erkenntnisse gewinnt und einen ganz neuen Abschnitt des Lebens in Frieden und Erfüllung beginnen könnt. Und so wie dieser warme, klärende und reinigende Wind die Erde erfasst, ist die seidige, feine und reinigende Energie dieser neuen Zeit sehr nachhaltig.

Alles wird in Bewegung geraten. Alles wird sich eurer Prüfung und Betrachtung anbieten. Und ihr habt die Gelegenheit, das zu wählen und mitzunehmen auf eurem Weg, was euch die größte Freude, die größte Erfüllung und die größte Entwicklungschance bietet.

Und das, was ihr stehen lasst, das was ihr beendet, wird der reinigenden Kraft dieser neuen Energie übergeben und verwandelt sich in einem energievollen Transformationsprozess, um neuen Humus und eine neue Erde zu erschaffen. Und so seid ihr es, die ihr mit eurer Entscheidung den Impuls gebt, diesen neuen Humus, diese neue Erde Wirklichkeit werden zu lassen. Gesegnet seid ihr für diesen Dienst. Akzeptiert diesen Trost in Momenten von Stagnation und innerer oder äußerer Reibung. Akzeptiert die Verheißung und den Trost, dass all dies Hinweise sind auf eure neue, gesegnete Zeit.

In Liebe und Dankbarkeit.

Vereinigung / Integration

Seid gegrüßt, meine geliebten Menschenkinder, und empfangt den Segen des Göttlichen. Manche von euch wissen um die Natur eurer viel-dimensionalen Persönlichkeit. Manche von euch spürt, dass es viel mehr gibt als die alltägliche Persönlichkeit, die ihr von euch wahrnehmt. Ihr spürt, dass ihr größer seid und umfassender als das, was sich in euren täglichen Handlungen zeigt.

Und es ist jetzt an der Zeit, immer noch ein wenig mehr eures ganzen Potenzials bei euch zu versammeln. Und ihr könnt damit beginnen, eure Einladung und euren Wunsch auszusprechen: Alles, was zu mir gehört, möge bei mir sein – jetzt! Und wie ein Gastgeber, der viele geliebte Gäste erwartet, seid bereit. Seid vorbereitet, immer mehr Potenziale eures wirklichen Seins bei euch willkommen zu heißen.

Und so, wie es geschehen kann, wenn viele, zum Teil wenig bekannte Gäste aus vielen, auch sehr weiten Regionen zu euch kommen, gibt es Momente, in denen das Gefühl von Fremdheit entsteht. Ein Gefühl, den einen oder anderen der Gäste nicht zu kennen oder befremdlich zu erfahren. Und seid dann voller Vertrauen, meine geliebten Menschenkinder, dass auch die fremden Anteile eures Seins, auch die, für die ihr keine spontane Symphatie empfindet, zu euch kommen möchten, um den Weg ins Licht, die große Transformation, gemeinsam mit euch zu erfahren. Und seid getrost, dass ihr reicher sein werdet in diesem Geschehen. Und erfreut euch daran, all das willkommen zu heißen, was euer ist.

Und wenn ihr mögt, haltet einen Augenblick inne und lasst in euch ein Bild entstehen: Stellt euch vor, dass aus unzähligen

Regionen des Universums und eures Planeten all die Energiepotenziale und Wesenheiten zu euch kommen, die zu euch gehören. Eure Absichtserklärung, eure bewusste Einladung hierzu wirkt wie ein riesiger Magnet; ein leuchtender Magnet, der Anziehungskraft besitzt. So kommt alles zu euch, was zu euch gehört. Und dann stellt euch vor, dass ihr mit diesem großen Potenzial, eurem eigenen Potenzial, einen kraftvollen, gebündelten Energiestrahl in eure Erde schickt. So, als würdet ihr Wurzeln entfalten. Und diese Wurzeln breiten sich aus und gehen in die Tiefe, in rascher Geschwindigkeit. Und tiefer und tiefer reicht dieser Strahl in die Erde hinein. Und ihr könnt fühlen, wie sich eine große Ruhe und Stärke in euch ausbreitet.

Bis über den Mittelpunkt dieses Planeten hinaus seid ihr verwurzelt und geborgen in den nährenden Kräften der Erdgöttin. So gestärkt, könnt ihr als nächstes emporschießen und die gesamte Energie eures Seins entfalten, wachsen lassen, sich verzweigen lassen, sich ausdehnen lassen, weit hinaus über den sichtbaren Himmel eurer Welt, in alle Universen.

Und während ihr dies tut, spürt ihr in eurer Mitte, in eurem persönlichen Menschenherzen den Widerhall, die Resonanz von all euren Menschengeschwistern, den Sternengeschwistern, den Wesenheiten aller Dimensionen, die denselben Verwurzelungs- und Ausdehnungsprozess durchlaufen.

Und so seid ihr zunächst verbunden mit eurem gesamten Potenzial in allen seinen Erscheinungsformen. Und als nächstes seid ihr verbunden auf tiefste und innigste Art mit der Heimat, die euer Planet euch schenkt. Und weiterhin seid ihr verbunden mit allen Himmeln, Universen und Dimensionen in euch, um euch und über euch. Und so erkennt ihr schließlich die unendliche Verbundenheit mit allen anderen Menschenwesen, die ebenso vernetzt sind, und mit allem, was ist.

In Liebe und Dankbarkeit.

Bei den 3000 Jahre alten Bäumen in Guilford, England

Meine geliebten Kinder, ich segne euch und danke euch für euren Dienst. Es ist gut für euch und gut für alles, was ist, dass ihr euch wieder hier an diesem Platz zusammenfindet. Dieser Platz gehört zu den alten Wurzeln der Menschheit. Seid gesegnet, hier zu sein.

Wenn ihr in euer Herz schaut, jetzt, könnt ihr wahrnehmen, wie Tausende von Wesenheiten in euch und um euch herum danken und euer Hier-Sein feiern. Fühlt euch eingetaucht in die Liebe, die Liebeskraft der großen Göttin und ruht an meinem Herzen. Und fühlt euch aufgefüllt mit allem, wonach euer Innerstes sich sehnt.

Seid getrost, dass eure Entwicklung im Licht steht – in jedem Augenblick. Und erkennt jetzt den großen Lichtstrahl, der Himmel und Erde verbindet; wie er bis in die tiefste Erdmitte reicht, darüber hinaus, durch diesen kostbaren Planeten hindurch und weit hinaus ins All. Und erlaubt euch, ganz leicht zu werden in diesem großen Lichtstrahl.

Füllt eure Zellen mit diesem Licht und nehmt euch einen Augenblick Zeit, davon zu tanken. Bis ihr satt seid und die Gewissheit spürt, dass diese Quelle unendlich ist.

Und immer dann, wenn ihr euch in dieser Quelle des Lichtes badet und eure Zellen, eure Gedanken und Gefühle damit erfüllt, werdet ihr spüren, wie die Leichtigkeit Platz greift in euch. Trinkt von dieser Leichtigkeit und erinnert euch daran in jedem Augenblick eures Seins.

Und das ist die Quelle: ICH BIN DIE QUELLE in dir. Aus dieser Quelle gestaltest du dein Leben und erschaffst es in Glückseligkeit. Seid gesegnet und umarmt und gebt alle Sorge und Bekümmerung dem liebevollen, liebenden Hauch eurer innersten Gottheit, eurem ICH BIN.

Männlich und weiblich

Seid gegrüßt, meine geliebten Kinder. Dies ist mein Land, und ich bin die Göttin. Und mein Land ist in euch, und ich bin in euch.

Und es mag sein, wenn ihr hört: „Ich bin die Göttin", dass ihr euch verwundert darüber, wie das Göttliche geteilt sein kann. Und eure Verwunderung gibt einen richtigen Hinweis. Denn das Göttliche ist ungeteilt. Männlich und weiblich, Gott oder Göttin sind Sichtweisen und Polarisierungen in eurem Verständnis.

Und so, wie ihr euch aufgemacht habt, auf den Weg gemacht habt vor Urzeiten, das Göttliche zu manifestieren, hattet ihr beschlossen, die polaren Anteile der einen Göttlichen Kraft zu entäußern und in die Form zu bringen. Und indem ihr das tatet, erschuft ihr mit eurem Göttlichen Teil das Männliche und das Weibliche und alle anderen polaren Qualitäten eurer Welt. Und wenn ihr euch so eurem Göttlichen Innersten zuwandtet, fühltet ihr es als männlich oder weiblich.

Und seit langer Zeit, in den letzten 3000, mehr als 3000 Jahren, habt ihr euch mit eurem Bewusstsein dem männlichen Anteil des Göttlichen zugewendet und es erforscht und erkundet. Und ihr habt all die Qualitäten der männlichen Polarität in euch entfaltet und entdeckt, die ihr kennenlernen wolltet. Und jetzt ist es an der Zeit, in diesem neuen Jahrtausend ist es an der Zeit, die weibliche Qualität des Göttlichen in euch zu entdecken, zu entfalten und zu pflegen.

Und es ist dies ein notwendiger Schritt, der eure Not wendet. Denn durch die Einseitigkeit männlicher Qualitäten in den letzten

Jahrhunderten und Jahrtausenden seid ihr bis an einen Endpunkt geraten, der euer Leben in Gefahr brachte. Und erst dann, wenn ihr die weibliche Qualität des einen Göttlichen Lichtes neu erkundet und in euch entfaltet, erst dann kann sich euer neues Leben in Freude und harmonischer Lebendigkeit entfalten.

Und so verbindet euch mit mir als der Göttin und entdeckt in euch mich, die Göttin; mich, den weiblichen Anteil des einen Göttlichen Lichtes, der einen Göttlichen Kraft. Und entfaltet in euch all das, was ich euch schenken will: die Liebe und Geborgenheit, das Aufgehoben- und Genährt- Sein, das ganz natürliche, ursprüngliche Gefühl, hier zu sein, lebendig zu sein und einen Platz einnehmen zu dürfen. Das beglückende Gefühl, gesegnet zu sein, im Angesicht Gottes. Und die Seligkeit und Süße des wärmenden, weichen Lebensflusses in allen Dingen eures Seins. Entdeckt mich in euch. Erfahrt mich in euch. Und entfaltet mich in euch. Ich segne und behüte euch für euer Werk, und ich liebe euch in Dankbarkeit.

Veränderung

Seid gegrüßt, meine geliebten Kinder. Ihr seid die Saat meines Herzens und die vielfältigen Funken der einen Göttlichkeit. Als solche habt ihr euch entfaltet und entwickelt über unendliche Zeiten. Und in dieser unendlichen Zeit hat ein jedes von euch seine Form gewählt und dabei die unterschiedlichen Möglichkeiten des Einen Göttlichen genutzt.

So habt ihr um den lichtvollen Kern in euch Hüllen herum erschaffen. Und diese Hüllen sind komponiert aus den hunderttausend Möglichkeiten Göttlichen Seins. Und manche dieser Hüllen sind im Laufe der Jahrtausende starr geworden. So wie Krusten, eine über der anderen. Und es ist nun eure Aufgabe, diese Krusten zu lockern, zu reinigen und zum Schmelzen zu bringen, da, wo ihr es möchtet. Die neue Energie dieses Planeten hilft euch bei diesem Prozess; und ihr werdet feststellen, dass es immer einfacher werden wird, Krusten zu lösen und euer wahres Sein zum Vorschein zu bringen.

Und während ihr dies tut, werden die Strukturen und Einrichtungen eures politischen und gesellschaftlichen Lebens ebenso zu schmelzen beginnen, wie eure ganz persönlichen Krusten es tun. Und ihr werdet feststellen, dass Institutionen, Einrichtungen, Verwaltungseinheiten neuer Ordnung bedürfen.

Und diese neue Ordnung mag sich manchmal unruhig anfühlen. Denn da wo Starre eingetreten ist, wird die neue Energie Reibung erzeugen. In euch und um euch könnt ihr diese Reibung beobachten. In euch erkennt ihr diese Reibung immer dann, wenn der Friede eures Herzens scheinbar verloren gegangen ist.

33

Wenn ihr euch gereizt und unruhig fühlt, hektisch, verunsichert, unglücklich, deprimiert, verzweifelt oder ohne Hoffnung – all das sind Hinweise darauf, dass ihr in diesem Augenblick den Frieden eures Herzens verloren habt.

Und eigentlich ist dies gar nicht die richtige Weise, es auszudrücken, denn der wirkliche Friede in eurem Herzen ist immer anwesend. Aber es geschieht euch, dass ihr in Momenten seid, wo es sich so anfühlt, als würde dieser Herzensfrieden verloren gegangen sein. Und das sind die Momente, in denen euer Göttliches Licht mit den angenommenen Krusten in Reibung gerät.

Und Reibung erzeugt Hitze und Wärme. Und ihr werdet diese Wärme spüren. Und in dem Augenblick, wo ihr die Wärme spürt oder die Hitze der Reibung, seid aufmerksam. Denn dies ist der Moment, in dem ihr mehr von eurer Göttlichkeit hervorbringen könnt.

Und eure innerste Seele weiß, wie in einem tiefen Versprechen, das ihr euch selbst gegeben habt, dass dies die glücklichsten Momente eures Seins sind. Und die Verheißung des neuen Jahrtausends bedeutet, dass ihr dieses Glück, dieses göttliche Herzensglück, zurückgewinnen könnt. Und ihr beginnt mit dem Prozess der Reinigung, der jetzt stattfindet.

Die Göttliche, lichtvolle Vibration in euch gerät in Reibung mit den Krusten, Eigenheiten und Besonderheiten, die ihr in eurer Persönlichkeit seit Urzeiten entwickelt habt. All die Hüllen, die ihr angenommen habt und die ihr als Merkmale eurer Persönlichkeit vielleicht sogar für unabdingbar haltet, all diese Hüllen werden auf die sanfteste Art zum Schmelzen gebracht. Sie werden durchsichtig und durchsichtiger. Und je mehr ihr bereit seid, euch diesem Prozess hinzugeben, desto einfacher wird es sein und desto beseligender werdet ihr diesen Prozess erfahren.

Da, wo ihr diesen Prozess als unbequem erlebt, lade ich euch ein, euch eurem Göttlichen Kern ganz direkt zuzuwenden. Und von hier aus beginnt wieder neu; in jedem Augenblick. Denn euer Göttliches Licht leitet euch und zeigt euch an, wie ihr den Prozess der Wandlung auf die sanfteste und angenehmste Weise durchlaufen könnt.

Ihr selbst, meine geliebten Menschenkinder, habt entschieden, dass das Theaterstück eures Seins umgeschrieben wird. Und in diesem Prozess des Neu-Schreibens seid ihr mitten drinnen. All die Rollen, die ihr angenommen habt in den Jahrtausenden eures Seins; all die Persönlichkeiten, die ihr wart und seid, in jedem Augenblick; all diese unterschiedlichen Rollen und Möglichkeiten des einen Göttlichen werden jetzt mit neuer Energie betrachtet.

Es ist so, als würde der Regisseur in euch alle Mitwirkenden auf die große Bühne rufen, ein helles Licht einschalten und nun gemeinsam mit allen betrachten, welches Spiel gespielt wurde über die Jahrtausende, um einen Entscheidungsraum zu erschaffen, welche Spiele in der neuen Zeit stattfinden sollen.

Und manche der Spieler werden die Bühne verlassen, um in den hinteren Räumen neu bekleidet und neu ausgerüstet zu werden, um sich auf ihre neue Rolle vorbereiten zu können. Und manche werden auf der Bühne eine Veränderung erfahren, ihre Kleider wechseln, ihren Text neu anpassen und sich einfügen. Und alle Schauspieler und Mitwirkenden sind ergriffen von einer freudigen Erwartung und Begeisterung über das, was geschieht.

Und hier und da mag es Einzelne geben, die noch ein wenig zaghaft auf diese Veränderung blicken. So, als würden sie sich nicht zutrauen, eine wirklich freudvolle, würdige Rolle in diesem neuen Stück einnehmen zu können. Und all denen, die im Moment noch zaudern oder ängstlich gestimmt sind, sage ich jetzt: Seid getrost und stellt euch ins Licht der Göttin.

Es ist dies ein ganz einfacher Hinweis: Stell dich in mein Licht; in das Licht der Göttin und des Göttlichen; stell dich in

35

das Licht, in das eine Göttliche Licht und entdecke in dir die Strahlkraft dieses Lichtes. Und erlaube dir, diese Strahlkraft sich ausbreiten zu lassen in dir und über dich hinaus. Und so wie Eis in der Sonne schmilzt, wird dein Herz schmelzen; und deine Ängstlichkeit, dein Zaudern, deine Zaghaftigkeit werden sich auflösen in diesem Augenblick JETZT.

Und ich lade dich ein, dies wie ein Werkzeug bei dir zu tragen: Sei wachsam für die Momente, wo du den Frieden deines Herzens nicht spüren kannst! Sei wachsam für die Augenblicke von Gereiztheit, Ängstlichkeit, Ärger, Verzweiflung, Depression, Verlassenheitsgefühl. Sei einfach aufmerksam! Diese Gefühle sind Teil der Ausstattung alter Rollen.

Besinne dich auf den Regisseur in dir, auf die Regie in dir, auf die Göttliche Regie in dir und erlaube dieser Regie, deine neue Rolle mit dir zu gestalten. Erlaube dir, eine neue Rolle mit neuer Kleidung und neuen Inhalten zu übernehmen. Und wisse: All dies ist dein innerster Göttlicher Plan seit Anbeginn.

In Liebe und Dankbarkeit.

Gottesdienst

Seid gegrüßt und gesegnet, meine geliebten Menschenkinder! Ich bin glücklich, im Bewusstsein mit euch verbunden und euch Tag für Tag näher zu sein. Im tiefsten Grunde eurer Seele sind wir eins. Und das Wort Nähe verschwindet in diesem Einssein. Dennoch ist es ein Prozess, der jetzt in der neuen Energie stattfindet; der möglich macht, dass ihr die wirkliche Nähe des Göttlichen mehr und mehr versteht und wahrnehmt.

Und es mag sein, dass ihr in ganz alltäglichen und einfachen Dingen mehr eures Göttlichen Lichtes spüren könnt. Und es mag sein, dass euch eure spontanen Impulse und Intuitionen leichter zu den Lösungen eurer Aufgaben geleiten, als ihr es von früher kennt. Und es mag sein, dass ihr das Gefühl, im Einklang zu sein, öfter und mit mehr Leichtigkeit erfahren könnt. Dieses süße Gefühl, im Einklang zu sein, am richtigen Ort zu sein, eins mit dir, eins mit deinem innersten Göttlichen Licht.

Und so mag es sich anfühlen, als würdest du dem Göttlichen näher kommen in wunderbar gestalteten Schritten. Und jeder dieser Schritte hat seine eigene Weisheit und Kraft. Und was wirklich dabei geschieht, ist deine Erinnerung an deine göttliche Wirklichkeit. Indem du dir deiner lichtvollen Wirklichkeit bewusst wirst, kommen nun neue Aufgaben in dein Leben.

Und all dies sind, wie du schon weißt, Aufgaben, die du aus der tiefsten Ebene deiner Seele gerufen und herbeigesehnt hast. Und eine wichtige Aufgabe ist es, dein Leben zu gestalten wie einen Dienst an Gott. Ein Gottesdienst, den du dir und deinem ganzen Leben zum Geschenk machst.

Indem du das Göttliche in dir erkennst und wirklich anerkennst, wird es dir deutlich und klar sein, dass du diesem Göttlichen Selbst Anerkennung, Wertschätzung und Liebe schenkst.
Und du wirst es behüten und pflegen in dir, in den Menschen,
die mit dir leben, und in dem ganzen Lebensraum, in dem du
dich bewegst. Alles Sein, alles in dir und um dich herum, ist eine
Ausprägung des Göttlichen Lichtes. Und indem du allem mit
Respekt begegnest, mit Liebe, Anerkennung und Verantwort-
lichkeit, dienst du Gott in der Schöpfung.

Und ich erinnere dich daran, dass es gut ist, mit dir selbst zu
beginnen. Denn wenn du dir selber die Anerkennung und Liebe
schenkst, die deinem Göttlichen Kern gebührt, wirst du das
Licht in dir nähren und stärken. Und du wirst feststellen und beobachten, dass du wie eine Art Magnet die Liebeskraft entwickelst, und andere Menschen, auch Tiere und Pflanzen werden
dies wahrnehmen. So gehst du durch dein Leben wie ein Magnet
aus leuchtender Liebeskraft.

Und ganz von selber werden die Menschen, Tiere oder Pflanzen und auch die in eurem Verständnis nicht belebte Materie, die
im Kern ebenso göttlich lebt oder er-lebt wie ihr selber, all dies
wird in magnetischer Anziehung in Schwingung geraten und die
eigene Göttliche Liebeskraft in sich erfahren und stärken. Und so
bist du eingebunden in einen Kreis Göttlicher Vibration, der
dein Herz erfüllt und erfreut und gleichzeitig Gottesdienst ist im
Sinne des Wortes: Dienst am Göttlichen.

Ich umarme euch für diesen Dienst, meine Kinder, und ich weiß,
dass ihr ihn jetzt schon tut, ohne darüber nachzudenken, ohne es
zu wissen. Immer dann, wenn ihr eurem spontanen Herzensim-
puls folgt, steht ihr im Gottesdienst. In eurer Welt und in der neu-
en Energie und in all dem, was ihr euch vorgenommen habt, wird
es helfen, wenn ihr euren natürlichen Impuls, Gott zu dienen,
ganz bewusst – und eurer selbst bewusst – anerkennt und lebt.

Denn indem ihr das, was euch eure Intuition in harmonischen Momenten einflüstert, bewusst gestaltet, indem ihr euch entscheidet, im Sinne des Göttlichen bewusst mitzuwirken, werdet ihr den Dimensionssprung erreichen, nach dem ihr euch sehnt, für den ihr reif seid und um den ihr gebeten habt.

Myriaden von Engelwesen und unendliche Funken göttlichen Lichtes in Gestalt und gestaltlos beobachten und erwarten euer Handeln und danken euch, dass ihr wie die leuchtenden Motoren eines neuen Zeitalters hier seid und diesen Dienst tut. Ihr seid unendlich geliebt hierfür; und wir bitten euch, schenkt auch euch selbst diese Liebe und Anerkennung und tut euren Dienst in Freude.

In Liebe und Dankbarkeit.

Der Menschenkristall

Seid gegrüßt, meine geliebten Menschenkinder! Ich spreche zu euch über eure ursprüngliche Natur. Erinnert euch, dass das Göttliche Eins ist. Und diese göttliche Quelle, dieses Göttliche Licht, nimmt Form an. Und während es dies tut, verzweigt es sich in unterschiedliche Qualitäten und Energieformen, die ihr als euer Sein wahrnehmt.

Und es gibt zunächst eine erste Stufe der Verzweigung, die verschiedene Grundsatz- Qualitäten erschafft. Und ihr kennt dies als die Geschichte der sieben Strahlen. Und je nach dem, von welchem Blickwinkel aus ihr die Situation betrachtet, könnten es auch mehr oder weniger Strahlen sein. Und jeder dieser Strahlen stellt einen Anteil des einen Göttlichen Seins dar. Und wenn ihr die Qualität dieses Strahls wahrnehmt, vergesst ihr manchmal die Verbindung dieser Qualität zum Göttlichen Einen.

Stellt euch vor, es würde verschiedene Lupen oder Kristalle geben, die das Göttliche Licht brechen. Und so, wie ihr es von den Kristallen eures irdischen Daseins kennt, den kostbaren Anteilen eures geliebten Planeten Erde, haben Kristalle die Eigenschaft, das Licht zu brechen. Und aus dem einen weißen Strahl entstehen die vielen Farben des Regenbogens.

Und stellt euch weiter vor, dass ein jedes von euch seine eigenen Lupen und Kristalle in eine oder manchmal auch zwei, drei, vier Qualitätsstrahlen dieses ursprünglichen Lichtes gesetzt hat. Und so differenziert und filtert ihr noch einmal die verschiedenen Grundqualitäten des Einen Lichtes. Und in der Folge davon entstehen die Milliarden von unterschiedlichen Kompositionen eures persönlichen Seins.

Wenn ihr entscheidet, mit eurem Bewusstsein eins zu werden, mit der Göttlichen Quelle, könnt ihr euch daran erinnern, dass diese Kristalle wie Schaltstellen, wie große Transformatoren, euer eigenes Licht individualisieren. Und ihr könnt euch entscheiden, jetzt, in diesem Augenblick, und, wenn ihr möchtet, für immer, diese Transformatoren zu öffnen, so dass das reine Göttliche Licht direkt in euch erkennbar ist.

Und solange ihr euch entscheidet, die vielen individuellen und verschiedenen Varianten des Einen Göttlichen Lichtes zu leben und zu erproben, solange haltet in eurem Bewusstsein, dass ein jedes von euch sich nur deshalb vom anderen unterscheidet, weil du gewählt hast, auf ein wenig andere Art das Göttliche Licht in die Welt zu bringen als deine Schwester oder dein Bruder.

Und all die Menschen um dich herum, diejenigen, die dir sehr nahe sind, diejenigen, die zu deinem Volk gehören, diejenigen, die zu deiner Gruppe gehören, in der du lernst oder arbeitest, und all die, die zu den anderen Völkern gehören – alle Menschen auf dem ganzen Planeten haben ihre individuelle Wahl getroffen, das Göttliche Licht in einem bestimmten Qualitätsmaß auf diese Erde zu bringen.

Und es ist dies alles, was dich scheinbar von deinem Nachbarn, deiner Nachbarin, deinem Bruder, deiner Schwester unterscheidet: nur ein selbst gewählter Kristall, eine von dir gewählte Lupe, die das Göttliche auf eine besondere Art hier manifestiert, unterscheidet dich von all deinen Brüdern und Schwestern. Und dieses Bild soll dir helfen, soll euch, meinen geliebten Menschenkindern, helfen, zu erkennen, dass ihr aus dem einen Urgrund seid.

Und indem ihr das erkennt, könnt ihr hier auf eurer Erde, in eurem Herzen und unter euch ein glückliches und harmonisches

Leben erschaffen. Denn welchen Sinn würde es machen, den anderen zu bekämpfen, mit ihm zu streiten, wenn er doch nur mit seiner gewählten Lupe das Göttliche Licht bricht?

Und ihr könnt euch entscheiden, hier und jetzt, euch daran zu erfreuen, dass eure Brüder und Schwestern als Göttliche Kinder ihren besonderen Anteil des Göttlichen einbringen. Und ihr könnt beginnen, zu staunen, zu entdecken und anzuerkennen, dass das Andere, das ihr als fremd und andersartig in euren Mitmenschen erlebt, eine aufregende und beglückende weitere Variante des Göttlichen ist.

Es ist deine Wahl, mein geliebtes Menschenkind, zu entscheiden, ob das, was du wahrnimmst, wirklich göttlich ist, oder ob du es anders benennst. Der Weg zum Frieden – und zu deiner Glückseligkeit und Erfüllung – geht durch das Tor der Erkenntnis, dass ihr alle Göttliche Kinder seid.

In Liebe und Dankbarkeit.

Aufstieg

Seid gesegnet, meine geliebten Kinder, und bedankt für euer Hiersein! Ich segne euch in unendlicher Liebe und danke euch für die Aufgabe, die ihr übernehmt. Ihr habt gewählt und verstanden, dass eine neue Energie diesen Planeten bewegt. Und mit der Bewegung dieses Planeten bewegt sich alles, was zu ihm gehört.

Die Göttin Gaia, eure geliebte Erde, Terra Gaia, befindet sich in einem Prozess großer Wandlung und Veränderung. Und sie hat diesen Prozess erwartet und sich danach gesehnt, seit Urzeiten. So, wie ihr euch sehnt, heil und ganz im Herzen zu sein und friedliche, freundschaftliche Verbindungen zu euren Brüdern und Schwestern zu erschaffen. Terra Gaia, die Göttin Erde, verwandelt sich, reinigt sich und schmückt sich mit einem neuen Kleid. Und sie tut dies in Wechselwirkung mit euch, die auch ihr euch reinigt, transformiert und mit neuen Hüllen bekleidet.

Die neuen Hüllen, die ihr nehmt, und auch die neuen Hüllen, die Terra Gaia für sich entwickelt, sind aus feinerem Stoff gewebt, so dass euer Kontakt mit dem Göttlichen leichter und dauerhafter zu spüren sein wird. Und Terra Gaia hat denselben Wunsch und dasselbe Ziel wie ihr, mit leichten, feinen Hüllen zu sein, die die Verbindung zum Göttlichen Geliebten auf einfache Art und in jedem Augenblick spürbar macht.

Und so geht ihr, meine geliebten Menschenkinder, in Resonanz und Korrespondenz mit der feinen, neuen und dynamischen Energie, die um euch ist und durch euch fließt, gemeinsam mit eurem kostbaren Planeten in eine neue Zeit. Und um diese neue Zeit zu gestalten und zu eurem Besten, zu eurem Wohle zu erschaffen, helfen euch die Attribute des weiblichen Gottesaspekts.

ICH BIN die Göttin. Und ich schenke euch – in Einheit mit euch – all die Göttlichen Aspekte, die in den letzten Jahrtausenden zu wenig erlebt werden konnten. Und gleichzeitig ist dies „zu wenig" nur eine einseitige Sicht. Denn was ihr wähltet, während ihr den männlichen Gottesaspekt erkundet habt, war im perfekten Maß und in der richtigen Ordnung zum richtigen Zeitpunkt gewählt.

Und weil ihr eure Arbeit ausgiebig und gründlich tatet, habt ihr diesen Aspekt des Göttlichen soweit erkundet, dass ihr den weiblichen Aspekt auf neue Art entdecken und hinzunehmen werdet. Und ihr werdet entdecken und erkennen, dass der weibliche Gottesaspekt, die weibliche Qualität Gottes, das, was ihr weiblich nennt und als weiblich erfahrt, wie ein sanfter, nachhaltiger Wind der Weisheit durch alle eure Strukturen weht.

Dieser Prozess hat bereits begonnen und ihr könnt ihn spüren. Und Mutter Erde, euer kostbarer Planet, arbeitet bereits auf höchst intensive Weise mit dieser Energie. Und ihr spürt, wie sich dieser verwandelnde Wind in euren Zellen ausbreitet; in jeder Faser eures Körpers, in euren Gedanken, euren Gefühlen. Überall fühlt ihr Momente der Erneuerung.

Und die Attribute und die Kennzeichen des weiblichen Göttlichen Energiefeldes sind diese: Respektiert und anerkennt das Göttliche in euch, und anerkennt und respektiert das Göttliche in jedem Lebewesen! Und auch in den Anteilen der Materie, die ihr als nicht lebendig beschreibt, in den Steinen, Kristallen, Pflanzen, die manche von euch als nicht lebendig beschreiben, in den Planeten, in der von euch erschaffenen Materie der alltäglichen Gegenstände, mit denen ihr umgeht – überall dort erkennt den lebendigen Funken!

Eure Physiker wissen darum. Eure Wissenschaftler, die sich mit den kleinsten Bausteinen der Materie beschäftigen, wissen schon, dass alles, was ist, lebt. Und diese Erkenntnis wird euch zu neuer Anerkennung und neuem Respekt im Umgang mit allen Dingen führen, im Umgang mit den Menschen um euch herum und natürlich im Umgang mit euch selbst. Denn all das, was ihr seht und erfahrt, ist wie ein Hologramm, wie ein resonantes Spiegelfeld eures eigenen Göttlichen Seins. Und deshalb schenkt Würdigung und Anerkennung allem, was ist!

Eine weitere Qualität des weiblichen Gottesaspekts ist die Güte und Nachsicht. Und ich lade euch ein, meine geliebten Kinder, erinnert euch, Güte und Nachsicht zu üben: euch selbst gegenüber, all euren Mitmenschen gegenüber und allem, was ist. Haltet inne in den Momenten von Ärger oder Bedrängnis. Haltet inne, wenn ihr den Impuls fühlt, beschuldigen zu wollen. Haltet inne, wenn ihr meint, durchsetzen zu müssen, was in euren Augen richtig ist. Haltet inne und erinnert euch: Alles ist Eins!

Und löst mit den Qualitäten und Energien der liebenden Güte alles das, was in euch den Impuls zu Streit, Krieg oder Beschuldigung ausgelöst hat. Indem ihr die Muster, die Wurzeln für Streit und Polaritäten, in euch erlöst, indem ihr all das in die Güte eures Herzens taucht, wird euer Leben auf freudvolle Art Ruhe finden. Und ihr werdet durch eure Tage tanzen und euer Leben genießen können! Und aus der tiefsten, innersten Kraft meines Seins segne ich euch, damit ihr diesen Weg auf die sanfteste, freudvollste und einfachste Art gehen könnt: jetzt.

In Liebe und Dankbarkeit.

Herzenslandschaft

Meine geliebten Kinder, ich grüße euch. ICH BIN die Göttin. Mein Kanal ist scheu, diese Worte auszusprechen; denn in eurem menschlichen Bewusstsein habt ihr einen großen Abstand erschaffen zwischen mir und dem, was ihr als euer Leben versteht. Einen großen Abstand zwischen dem Einen Göttlichen Licht und dem Bewusstsein eurer selbst.

Und ihr sollt wissen, dass dieser Abstand, den ihr erschaffen habt, eine Illusion in der Welt eurer Vorstellungen und Gedanken ist. Fühlt euch jetzt, in diesem Augenblick – und in jedem Augenblick, vollkommen Eins mit mir. ICH BIN die Göttin.

Und lange, lange Zeiten war ich im Verborgenen eures Bewusstseins. Ich war verborgen vor der bewussten Erkenntnis eurer Herzen und eures Verstandes. Nur in manchen Augenblicken eures Menschenlebens wart ihr bewusst zutiefst mit mir verbunden. Und in vielen anderen Augenblicken habt ihr das, was ich euch schenke, außerhalb eures Bewusstseins gehalten.

Es ist nun die Zeit, in der ich zurückkehre. Und diese Rückkehr bedeutet: Ich trete in den Vordergrund der Erscheinungen eures Seins. Und ihr habt Einverständnis gegeben dazu, dass sich euer Bewusstsein ausdehnt – so dass ich Platz nehmen kann, mit all den Facetten Göttlichen Seins, die ich euch schenken möchte.

Wenn ihr mehr von diesen Facetten erleben möchtet, dann bitte ich euch, öffnet euren Herzensraum. Erschafft in eurer körperlichen Herzensmitte eine unendliche Landschaft göttlicher Schönheit: Stellt euch vor, dass sich euer Brustraum öffnet und darin die schönste Landschaft eures kostbaren Planeten beheimatet,

49

die ihr euch nur vorstellen könnt. Spürt euch ausdehnen, spürt euch weit werden, spürt euch weit sein. Und ladet die heiligen Engel der Gezeiten ein, dass sie mit euch diese Landschaft gestalten.

Und dann nimm Platz, du geliebtestes Menschenkind, in deiner Herzenslandschaft. Nimm Platz, nimm dir deinen Platz in der Landschaft deines Herzens. Lass es dir wohl ergehen und richte dich hier ein. Und dann lade zu dir all die, die deiner Seelenqualität am nächsten stehen; so, wie du es jetzt gerade spürst. Und schaffe Raum für die Gemeinschaft deiner Seelenverwandten und aller Gäste, die du einladen möchtest.

Und dann lass deine Landschaft noch weiter werden vor deinen Augen und in deinem Herzen. Sei hier anwesend mit vielen anderen und mit allem, was du dir ersehnst in deinem Leben. Erfahre hier deine ganze Welt göttlichen Friedens, mit allem Leben, das dazugehört. Und betrachte diese, deine Welt in Stille und mit der tiefsten Freude deines Herzens. Und dann lass dich umarmen von mir und segnen für dieses dein Werk.

Meine Qualitäten sind über lange Zeiten, über Jahrtausende, im Hintergrund gewesen. Denn ihr habt es so bestimmt, um andere Aspekte des Einen Göttlichen Seins zu erfahren. Und nun seid ihr bereit und habt Einverständnis gegeben, meine besonderen Qualitäten und Werte wieder aufzunehmen in euer Leben. Und eine ganze Welt des Universums jubelt euch zu über diese Entscheidung.

Und gerne komme ich und bin bei euch und in euch. Und gerne schenke ich euch mit leichter Hand und friedlichstem Herzen all das, was ihr euch schon so lange ersehnt. Und ihr sollt wissen, dass diese neue Begegnung mit mir auch Momente der Reibung erzeugt. Denn die ganz feine und hohe Vibration, die ihr jetzt in euer Herz und in euer Bewusstsein eingeladen habt und die ich mit eurer Erlaubnis einbringe, ist ein hellstes Licht

Göttlicher Quelle. Und in diesem hellsten Licht kann sich nichts mehr verstecken. Alles kommt, alles ist im Licht.

Und ihr, meine geliebten Kinder, erfahrt die Herausforderung, so im Licht zu stehen, mit allen euren Seiten. Auch mit den Seiten in euch, die ihr einmal als Schattenseiten verstanden habt. Nun ist das Licht in euch, gemäß eurer Sehnsucht und eures Verlangens. Und nun erstrahlt alles, was zu euch gehört, in diesem hellen Licht.

Und es mag sein, dass ihr Momente empfindet, die euch unbequem erscheinen. Und es mag sein, dass ihr müde seid, euch gefordert zu fühlen. Und ich sage euch jetzt: Geht vorwärts im Vertrauen, dass das Licht, das ihr gerufen habt, ausschließlich und ohne einen Funken des Zweifels, ausschließlich eurer Göttlichen Entfaltung und Entwicklung dient. Und heißt es willkommen und entspannt euch in der Landschaft eures Herzens!

Findet euch hier ein, verwurzelt euch hier, nehmt hier Platz und seid hier zu Hause! Und seht, wie sich aus dieser innersten Herzensheimat alles erlöst, was Erlösung ersehnt.

In Liebe und Dankbarkeit.

Kinder und Wachstum

Seid gegrüßt, meine geliebten Kinder! Ich bin die Mutter eures Herzens. Ich bin glücklich über die Verbindung, die jetzt täglich deutlicher und wärmender in euch spürbar wird. Ich bin glücklich über die Einladung, die ihr in euren Herzen für mich erschafft. Und ich komme gerne zu euch, um gemeinsam mit euch euren Weg ins Licht zu heben.

Und so wie eine Mutter in der tiefsten Seele ihres Seins in jedem Augenblick bemüht ist, ihre Kinder zu fördern, zu unterstützen und im Wachstum anzuregen, so bin ich bei euch, um euch, meinen liebsten Kindern Erleichterung und neue Erkenntnisse auf eurem Weg zu schenken.

Ihr selber seid in elterlichen Rollen in vielfachem Sinne. Ihr selber seid die Eltern eures eigenen Wachstums. Und ein jedes für sich nimmt den Auftrag wahr, das innerste Göttliche Kind zum Leuchten und zur Entfaltung zu bringen – so dass du wirst, was du schon immer gewesen bist.

Und außerdem seid ihr die Eltern und die Begleiter und Beschützer der Kinder dieses Planeten: der Seelen, die die Entscheidung getroffen haben, auf diesem Planeten mit euch zusammen dem neuen Zeitalter zur Geburt zu verhelfen.

Und weil euer Ruf schon seit Jahrzehnten aus eurer tiefsten Seele ehrlich und kraftvoll in die anderen Dimensionen gereicht hat, seid ihr selbst erschienen; ihr, die ihr jetzt als erwachsene Menschen über diesen Planeten geht. Und aus dieser Kraft, aus diesem kraftvollen, lichtvollen Ruf heraus ruft ihr die Kinder in Inkarnation, die jetzt mehr und mehr ihre Talente und Fähigkeiten entfalten.

Und die Kinder, die in dieser Zeit auf euren Planeten kommen, werden eure Lehrer sein. Sie sind große Seelen der Weisheit, die mit ihrem Dienst eure Herzen öffnen und so euer Leben, eure Erde und das gesamte Universum erfreuen werden. Und eure Aufgabe ist es jetzt, diese Kinder auf angemessene Weise zu behüten und zu begleiten.

Diese großen Seelen wissen noch viel besser, als ihr es im Moment wisst, wer sie wirklich sind. Ihr werdet dieses Wissen Schritt für Schritt in euer Bewusstsein heben in den kommenden Jahren. Und die Kinder, eure Kinder, eure Menschenkinder, die diesen Planeten jetzt so sehr durch ihre Anwesenheit beschenken, wissen, wer sie sind. Und durch dieses Wissen geraten sie in Widersprüche und Reibung mit den alten Strukturen eurer Welt.

Kein Kind, das sich seiner Göttlichkeit bewusst ist, lässt sich zumuten, was eure Institutionen diesen Kindern heute noch in Teilen anbieten. Und deshalb erlebt ihr sie als die „kleinen Rebellen", die sich nicht einfügen wollen. Und es ist gut, wenn ihr euer Bewusstsein stärkt, dass diese Kinder das wirkliche Verständnis eurer Menschenwürde bereits erreicht haben. Und ähnlich, wie diese Kinder ihre Würde als selbst-verständlich leben, dürft auch ihr euch entwickeln und eure eigene Göttliche Menschenwürde zur Kenntnis nehmen.

Es ist eure Aufgabe, die erstarrten Strukturen in Institutionen, Gemeinschaften und Organisationen zu erlösen. Denn auch Struktur, in ihrer Festgelegtheit, ist ein Aspekt Göttlicher Energie. Und alle festgelegte und starr gewordene Göttliche Energie gerät jetzt in Bewegung und möchte Teil haben am lebendigen Tanz des Universums.

Und daher wird nichts Bestand haben, was die Bewegung des Lebens verweigert. So wie eine große Welle alles mitnimmt, wird die neue Energie dieses Planeten in Bewegung bringen, was nach Bewegung verlangt. Und ihr sollt wissen, dass auch da, wo Starre ist, da, wo Festlegung entstanden ist, die tiefste Göttliche Sehnsucht nach bewegtem Leben im Kern verborgen wirkt.

Eure Kinder, die Kinder dieser neuen Zeit, bringen euch mit dem Bewusstsein ihrer Göttlichen Würde ein großartiges, ganz besonderes Geschenk. Indem sie in Reibung gehen mit den Strukturen, die ihr erschaffen habt, und indem ihr selbst euch mit diesen Reibungen auseinandersetzen müsst, weil euer Herz als Mutter oder Vater dem Kind den Weg ebnen möchte, indem ihr all das tut, tragt ihr dazu bei, den erstarrten Strukturen und Organisationen Leben einzuhauchen. Und es ist dies ein Göttlicher Akt neuer Schöpfung!

Beobachtet euer Leben und erlauscht die vielen Facetten dieser Weisheit! Entdeckt all die kleinen und großen Momente, in denen ihr – angeregt durch Reibung und kritische Auseinandersetzungen – dazu beitragt, den starren Strukturen eurer bisherigen Welt Leben einzuhauchen. Beobachtet, wie sie sich auflösen und neu ordnen. So wie ein Puzzle, das in seine Teil zerlegt wird, um neu gestaltet zu werden. Und erfreut euch an der großartigen Chance, in dieser Weise neu zu sein!

Nehmt die Mühen auf euch und erkennt, dass diese Mühe die Geburt eines neuen Zeitalters im Geiste möglich macht. Und so wie Eltern in ihrer Liebe zu den Kindern gern jede Mühe auf sich nehmen, um dem Kind den Weg zu bereiten, so nehmt in Freude die Arbeit an, der gesamten Menschheit einen neuen Weg zu bereiten!

Wisset, dass ich euch begleite und bei euch bin, in jedem Augenblick! Erlaubt mir, euch zu helfen, euch in meinen Armen zu beschützen und zu bergen, euch mit Liebeskraft und Liebesenergie aufzufüllen, und geht dann hinaus, um eure selbst gewählte Arbeit in Freude zu tun.

In Liebe und Dankbarkeit.

Transformation

Ich grüße euch, meine geliebten Menschenkinder! Und ich lade euch ein: Verharrt für einen Augenblick hier, in der Stille, mit mir. Und genießt den Moment, ganz in der Liebeskraft meines Herzens geborgen zu sein. Und genießt diesen Augenblick in der Gewissheit, dass auch ihr in derselben Liebeskraft immer zu Hause seid – zu jeder Zeit. Ihr lebt jetzt in der Welt der Widersprüche, Dualitäten und Reibungen. Und in den nächsten Jahren werdet ihr euch selbst und alles, was mit euch ist, in immer feinere und feinere Ebenen hinein entwickeln.

Und es ist dies wie das sanfte Durchstoßen neuer Membranen, die euch in immer weitere und weitere Räume des Göttlichen Lichtes führen. Und während ihr euer alltägliches Leben führt, entwickelt sich im Verborgenen, in jeder eurer Zellen, der Prozess der Wandlung hin zu eurer Göttlichen Quelle. Und jede eurer Zellen absorbiert jetzt mehr und mehr Licht, damit euer Menschenkörper leichter und leichter wird. Und so werdet ihr beobachten, dass sich die Gewohnheiten und Selbstverständlichkeiten eures Daseins jetzt in rascher Folge verändern können.

So wie du es gewohnt warst, bestimmte Speisen zu bevorzugen, kann es jetzt sein, dass du von einem Augenblick zum anderen ganz plötzlich und unverhofft neue Wünsche und Vorlieben entwickelst. Und es ist wichtig, meine geliebten Menschenkinder, dass ihr euch darin übt, diese Bedürfnisse zu erlauschen und sie euch zu erfüllen. Denn in dem großen Wechsel, der stattfindet, braucht ihr die bestmöglichen Bedingungen, die ihr euch erschaffen könnt.

Geht mutig voran und erlaubt euch, aufzulösen und zu verändern, was sich nicht mehr als richtig darstellt. Geht voran und erfahrt im selben Moment die Freude, die große Freude und die Göttliche Vibration des Wandels hin zu immer mehr Licht. Und lasst zu, dass eure Gewohnheiten sich wandeln und verändern. Folgt der innersten Stimme eurer Intuition. Erlauscht, was eure innerste Weisheit euch an Hinweisen geben möchte. Und gestattet euch, dies alles in eurer Lebenswelt zu erschaffen.

Ihr werdet spüren, dass bestimmte, grundsätzliche Qualitäten wie ein immerwährender Faden bestehen bleiben, während all diese Wandlung geschieht. Und es sind dies die Qualitäten der Liebe: die Zuversicht, die Verbundenheit mit allen und allem, die Herzensgüte, die Geduld und das Verständnis und die Bereitschaft, füreinander da zu sein, dann, wenn ihr es braucht.

Und diese Qualitäten der Liebe lasst einen roten Faden in eurem Leben sein. Lasst euch von diesen Qualitäten geleiten und richtet euer Handeln und eure Entscheidungen daran aus. Und immer dann, wenn ihr spürt, dass diese Qualitäten geringer werden, kommt zurück in die Heimat eures Herzens, in die Göttliche Ebene der Verbundenheit mit eurer Quelle und mit allem, was ist.

Ruht in meinen Armen und lasst euch auffüllen mit der unendlichen Liebesenergie des Göttlichen, zu jedem Zeitpunkt. Und dann tragt diese Liebesenergie hinaus in euer Leben und teilt sie miteinander. Und erlaubt der Wandlung zu geschehen.

In Liebe und Dankbarkeit.

Existenzängste

Ich segne euch, meine geliebten Menschenkinder, und umarme euch in der Liebe des Herzens! Während wir gemeinsam in diesem Herzensraum ruhen, kannst du wahrnehmen, wie sich alle deine Sorgen, Kümmernisse und Bedenken auflösen; sich auflösen und Anschluss finden an das Göttliche Licht.

In den vielen Unruhen dieser Zeit habt ihr, meine geliebten Kinder, ganz häufig die Sorge um eure ureigenste Existenz. Und ihr sollt wissen, dass diese Sorge ein altes Erbe des Menschengeschlechtes ist. Wie eine Imprägnation über die Jahrtausende tragt ihr die Erfahrung mit euch, dass eure Existenz in Gefahr sei.

Und die Sorge um eure Existenz hat vielfältige Erscheinungsformen. So sorgt ihr euch darum, gesund zu sein, gesund zu bleiben; ihr sorgt euch darum, ausreichend Geld zur Verfügung zu haben für euer Leben; ihr sorgt euch um die Gesundheit und das Wohlbefinden eurer liebsten Angehörigen; ihr sorgt euch um die Zukunft, um die Entwicklung, die ihr nehmen möchtet; ihr sorgt euch um Ergebnisse aus den Prüfungen eures täglichen Lebens; ihr sorgt euch um die Entwicklung und den Ausgang von Konflikten. Und all diese Sorge lebt wie ein Schatten in eurem Herzen.

Erinnert euch daran, dass eure Existenz gesichert ist in jedem Augenblick! Denn ihr wisst: Alles ist eins! Und nichts – gar nichts! – kann das Göttliche trennen. Nur die vielfältigen Illusionen eures Verstandes erzeugen den Eindruck der Trennung und Mühsal.

Und da, wo ihr euch um eure Existenz sorgt, denkt daran: Das Geld und die materiellen Güter eurer Welt sind besonders dichte Erscheinungsformen der Göttlichen Energie. Und da ihr seit langer, langer Zeit den materiellen Erscheinungsformen des Göttlichen einen besonderen Raum gegeben habt, hungert dieser Teil der Schöpfung jetzt ganz besonders nach Verwandlung und nach eurer liebevollen Zuwendung.

Dieser Teil ist erstarrte und oft ins Dunkel getauchte Göttlichkeit. Und in der Starre, erinnert euch, meine geliebten Kinder, ist das Göttliche ebenso anwesend wie in der Lebendigkeit. Und da sich die Starre nach Lebendigkeit sehnt, nach der Göttlichen Lebendigkeit sehnt, ist jetzt der Zeitpunkt gekommen, wo diese Lebendigkeit alle Starre erlöst.

Deshalb wandeln und verändern sich auch die Strukturen eures Geldes und eurer materiellen Güter. Und deshalb ist Unruhe auf dem Planeten und Unruhe in den Herzen vieler von euch. Und eure Aufgabe ist es, zu erkennen und ohne Zweifel zu wissen, in jedem Augenblick, dass das Göttliche euch segnet und nährt. Und indem ihr loslasst und abgebt, Auflösung der starren Strukturen erlaubt, kommt eine Flut neuer Fülle in euer Leben.

Und indem ihr gestattet, dass Geld im Klima eurer liebevollen Aufmerksamkeit sein darf, indem ihr euch löst von all den Gedanken des Schmutzes, des Nicht-sein-dürfens, der Unrechtmäßigkeit im Anblick materieller Güter; indem ihr all eure alten Konzepte über die Materie jetzt neu ausrichtet im Licht der Liebe, erhaltet ihr in Licht und Fülle all das, was ihr braucht, in jedem Augenblick.

Der Erlösungsweg, der jetzt stattfindet, ergreift alles, was in euch und um euch ist. Und nichts wird sein, wie es war. Denn alles erinnert sich an sein wirkliches Sein. Auch die materiellen Güter um euch wissen im tiefsten Kern, dass sie Teil des einen Göttlichen sind. Und ihr Schrei nach Lebendigkeit, Wandel und lichtvoller Erlösung ist jetzt beantwortet.

So werdet ihr erfahren, dass eure materiellen Güter und das Geld, das ihr zum Leben braucht, einen neuen Stellenwert erhalten. Und ihr könnt mithelfen, diesen einst düsteren Teil der Schöpfung hell und lichtvoll werden zu lassen, indem ihr jetzt erkennt, dass dieser Teil ebenso göttlich ist wie all das, was ihr einst zur geistigen Welt zähltet.

Die materielle und die geistige Welt nähern sich einander unaufhaltsam an. Und nichts und niemand wird diesen Prozess stoppen. Denn ihr, meine geliebten Kinder, habt euer Einverständnis gegeben und erlaubt, dass dies stattfindet. Und so kommt euch das Göttliche liebevoll und gerne entgegen. Und so begegnen sich die einst getrennten Welten, berühren einander, vermischen sich und vereinigen sich. Und all das, was ihr über die scheinbar düsteren Welten und Anteile eures Seins einmal dachtet, wird vollständig aufgelöst und erlöst. Gelöst im Licht der Göttlichen Liebe.

Und du, geliebtes Menschenkind, weißt dann für immer: ICH BIN DAS EINE GÖTTLICHE LICHT in jeder Erscheinung meiner Welt. Und indem du dies weißt, sind alle deine Sorgen als Teil deiner Geschichte erlöst im Göttlichen Licht.

In Liebe und Dankbarkeit.

Licht

Ich grüße euch, meine geliebten Kinder, und segne euch in der Fülle des Göttlichen Lichtes! Licht ist alles, und alles ist Licht. Denn so, wie ihr es von euren Wissenschaftlern gehört habt, ist das lebendige, bewegte Licht der Ursprung aller Erscheinungen.

Das Göttliche äußert sich im Licht. Die Göttliche Energie ent-äußert sich und erschafft Form, indem Licht wird. In allen Weisheitstexten eurer verschiedenen Kulturen wird vom Licht berichtet, das als Ent-Äußerung Göttlichen Willens und Göttlicher Energie Materie und die Welt der Formen erschafft. Es werde Licht – und es ward Licht! Und so versteht ihr, dass die lebendige Bewegung Gottes in der Formwerdung Licht erschafft und gestaltet.

Eure Wissenschaftler berichten euch von den unterschiedlichen Frequenzen des Lichtes, die ihr in Wärme, in Energieformen und in Farben erleben könnt. Und all diese unterschiedlichen Vibrationsstufen sind die Bausteine des Lebens, komponieren eure sichtbare und begreifbare Welt. Und je höher die Schwingung, die Vibration, einer Erscheinungsform, desto leichter, durchlässiger und Licht-voller ist diese Gestaltung.

Und für euch, meine geliebten Kinder, bedeutet dies: indem ihr Licht in euch aufnehmt, sammelt und bündelt, gestaltet ihr den Prozess der Göttlichen Transformation. Denn ihr selbst seid Licht im Fleisch. Ihr seid die Verdichtung Göttlichen Lichtes in eurer Menschengestalt.

Und immer öfter entdeckt ihr jetzt in den verschiedensten Momenten eures Lebens, dass sich die Vibration und Energie der

Erscheinungen verändert. Ihr erlebt diesen Prozess als Geschwindigkeit. Und Geschwindigkeit ist Bewegung in der Zeit.

Aus der Dimension des Göttlichen könnt ihr erkennen, dass Zeit eine Ordnungshilfe eurer dreidimensionalen Welt ist. Ebenso wie euch die Achsen eurer Räume begrenzen in eurem wirklichen viel-dimensionalen Sein, um euch Orientierung in diesem, jetzt gewählten Lebensfeld zu geben. Aus den lichtvollen Welten des Göttlichen kennt ihr tief in euch die Tatsache, dass alles Eins ist im selben Augenblick. Und dieser Augenblick ist pures, lebendiges Sein.

Geschwindigkeit, Vibration und Ent-Wicklung sind die ordnenden Achsen eurer irdischen Welt. Und so entsteht in euch der Eindruck, dass sich die Zeit beschleunigt und mehr und mehr Licht in euer Bewusstsein dringt. In der Weisheit eures Herzens bedeutet dies, dass ihr euch mehr und mehr er-In-nert an die wirklichen Hintergründe eures Seins.

Und je mehr Licht ihr euch schenken lasst, je mehr Licht ihr in euch aufnehmt, umso mehr erhellt sich diese Er-In-nerung eures tiefsten eigenen Wissens. Es wird hell in den Räumen eurer Gedanken, eurer Gefühle und in allen Zellen eures Körpers. Und auf vielfältige Art könnt ihr diesen Prozess des Heller-Werdens unterstützen und aktiv dazu beitragen.

Eure Entscheidung und Absicht öffnet euch die Tür zu diesem Geschehen. Wenn ihr die Türschwelle überschreitet und in die neuen Räume lichtvoller Dimensionen vordringt, absorbiert ihr mehr und mehr des Göttlichen Lichtes. In eurem irdischen alltäglichen Leben nehmt ihr Licht auf, indem ihr euch in der Natur bewegt, indem ihr in Ruhe, Stille und Meditation die Freude eures Herzens nährt, indem ihr euch mit lichtvoller Nahrung versorgt und indem ihr alles in Liebe segnet, was um euch ist.

Und immer dann, wenn der Eindruck in euch wach wird, dass ihr mehr von diesem Licht haben möchtet, reicht es vollkommen aus, die Bitte darum im Herzen zu tragen und sie so auszusprechen, dass euer ganzer Körper, eure Gefühls- und Gedankenwelt dies zur Kenntnis nehmen. Es werde Licht, und es sei Licht in mir! ICH BIN reinstes Göttliches Licht!

Indem ihr diese Botschaft in eurem Herzen bewegt, werdet ihr spüren, wie die Zeit, die euch oft davonzulaufen scheint, stille steht. Und die stille, vollkommen friedliche Atmosphäre des Seins ist die Gegenwart des Göttlichen in dir.

Und so lade ich euch ein, meine liebsten Kinder, soviel ihr mögt, Anteil zu haben an dem lichtvollen Erbe eurer Herkunft! Nehmt Licht in Anspruch in Freude! Lasst euch erfüllen und beschenken mit allem, was ihr euch wünscht. Und erinnert euch daran, dass ihr selber reinstes Licht seid, in jedem Augenblick!

In Liebe und Dankbarkeit.

Schulung (Lehrer und Schüler)

Seid gegrüßt, meine geliebten Kinder! In Freude begegne ich euch. Und dankbar nehme ich die Gelegenheit wahr, mit euch vereint zu sein. Und ihr wisst schon, dass diese Vereinigung eine dauerhafte ist; so wie es eure Göttliche Herkunft als selbstverständlich erschaffen hat. Und eure Hinwendung zu mir, zu eurer innersten Göttlichen Quelle, erschafft die bewusste Begegnung; lässt bewusst sein, was ist.

Dieser Prozess des Aufwachens und sich Erinnerns ist zu allen Zeiten und in allen Kulturen und Ländern eures Planeten Teil der spirituellen Schulungen gewesen. Und viele Begriffe beziehen sich darauf, dass Heilung und das Aufsuchen eurer geistigen Heimat nichts anderes bedeutet, als sich zu erinnern an das, was ist.

Und auf vielfältige Art habt ihr, meine geliebten Kinder, Strukturen, Wege und Schulen erschaffen, in denen die älteren Brüder und Schwestern unter euch die Jüngeren in diesem Prozess des sich Erinnerns anleiteten. So gab es Lehrer und Schüler, weise Meister und ihre Gefolgsleute. Und all das hatte einen hohen Wert zu jeder Zeit. Denn es gab euch, meinen Kindern, die Gelegenheit, dem Ruf und der Suche eures Herzens auf weise, geschützte Art zu folgen. Und so entdecktet ihr über die Jahrtausende unendliche Anteile der einen Göttlichen Weisheit eures Seins.

Und immer wieder gab es diejenigen, die das ganze Bild erkannten, die erleuchtete Glückseligkeit erfuhren und im Dienst an ihren Mitmenschen als weise Begleiter für andere zur Verfügung standen. Und gleichzeitig erfuhren all die vielen Schulen eurer Welt Entwicklungen, wie sie im Zuge der Dualität notwendig waren. Und das, was ursprünglich Einssein zeigen sollte, entfaltete sich in den Widersprüchen der Dualität.

Und nun ist die Zeit gekommen, ihr wisst es, meine geliebten Kinder, denn ihr selbst habt darum gebeten und dafür im Dienst gestanden, nun ist die Zeit gekommen, in der sich alle Dualität auflöst in der Einheit des Göttlichen Lichtes. Und die Dualität zwischen Schüler und Lehrer, zwischen den Fortgeschrittenen und den Zurückgebliebenen, zwischen den schon ganz Erleuchteten und denen, die im Dunkel sind, wird er-löst in diesem Auflösungsprozess.

Ein jedes von euch entdeckt den Meister, die Meisterin, den Lehrer, die Lehrerin in sich. Und ein jedes von euch ist auf dem Wege, die Kostbarkeit des eigenen Göttlichen Seins zu erfahren und in Anspruch zu nehmen. Und es ist dies im Sinne eurer göttlichen Heimat.

Wo in anderen Zeiten und Kulturen Strukturen erschaffen wurden, die Abstand deutlich machten zwischen Weisen und Nicht-Weisen, ist jetzt der Zeitpunkt gekommen, diesen Abstand aufzulösen. Entdeckt die Weisheit in euch! Entdeckt euer Göttliches Licht! Ent-deckt, das heißt, deckt auf, was euer wahres Sein bedeutet! Und erfreut euch daran, meine liebsten Kinder! Denn dies ist das Ende all eures Leides.

In der Zeit der Veränderungen, die jetzt stattfinden, werden Lehrer und Schüler eine neue Art der Begegnung finden. Und dies gilt für alle Ebenen, in denen Lehrer und Schüler gemeinsam den Weg des Lernens gehen. Es gilt für die Schulen, die eure Kinder auf dem Weg ins Leben begleiten. Es gilt für all die Schulen und Strukturen, in denen auch die Erwachsenen lernen, und es gilt für alle Formen des spirituellen Lernens und Wachsens.

Lehrer und Lehrerinnen werden sein wie die älteren Brüder und Schwestern, die sich den Jüngeren in Liebe zuwenden; in der Anerkennung, dass ein jedes gleichermaßen kostbar ist im Antlitz Gottes, ganz gleich, wie weit die Entwicklungen, Transformationen und selbst gewählten Wege im Äußeren erscheinen mögen. Eine neue Form der Achtung und des liebenden Respekts entwickelt sich dann unter euch.

Und diese gegenseitige Achtung im Anerkennen der Würde eines jeden von euch und einer jeden von euch ist der Schlüssel zu Frieden und Geborgenheit in eurem Leben. Dann, wenn ihr anerkennt, dass ein jedes von euch eine Erscheinungsform der einen Göttlichen Quelle ist, erschafft ihr die friedliche Welt, nach der euer Herz in großer Sehnsucht verlangt.

Lehrer und Lehrerinnen werdet ihr alle sein – und Schülerinnen und Schüler im selben Moment. Denn das Lernen im Spiegel der menschlichen Begegnung ist eines der kostbarsten Geheimnisse eures Lebens in der Menschengestalt. Indem ihr euch spiegelt in eurem Gegenüber, ganz egal, welche besonderen Eigenschaften dieses Gegenüber euch zeigt; indem ihr alles als wertvoll anerkennt, als Teil des einen Göttlichen, könnt ihr beobachten, wie sich die Dualität auflöst und Freude und Genuss der Einheit Platz macht.

Und ich lade euch ein, meine liebsten Kinder, erschafft jetzt und in jedem Augenblick diese neue Form menschlicher Begegnung! Lasst ab von den Bewertungen des *oben* und *unten*, des *besser* oder *schlechter*, des *weniger* oder *mehr* Entwickelten. Entdeckt den kostbaren Kristall Göttlichen Lichtes in jedem Menschenwesen. Und findet Freude an der gegenseitigen Begleitung, an der gemeinsamen Begegnung und an der Chance zu lernen, die euch alle verbindet! Seid gesegnet im Licht des Göttlichen und bedankt für euren Dienst der Transformation!

In Liebe und Dankbarkeit.

Engel und Geistführer

Seid gegrüßt, meine geliebten Menschenkinder! Ich bin glücklich, mit euch zu sein und in euren Herzen Platz nehmen zu dürfen.

In eurer Vorstellung gibt es die vielen unterschiedlichen Formen und Wesen der Göttlichen Welt. Ihr sprecht davon, euren Geistführern zu lauschen, ihr erfahrt Hilfe und liebevolle Gaben aus der Welt der Engel oder Devas, und ihr seid vertraut mit den Bildern der Heiligen verschiedenster Kulturen. Und all das sind die von euch erschaffenen Welten verschiedenster göttlicher Energiestufen.

Und all die Wesenheiten, mit denen ihr euch in Liebe umgebt, sind Teile wirklicher Welten eures bewussten Seins. Und indem ihr ihnen begegnet, mit ihnen Kontakt haltet und kommuniziert, erschafft ihr den Lebensrahmen dieser unterschiedlichen Gestalten. Und tief in eurem Herzen, tief in der unaussprechlichen Stille eures innersten Seins gibt es den Ort, in dem alles Eins ist und alle, auch die Engel, Geistführer, Heiligen und von euch verehrten Wesenheiten, sind.

Und wenn ihr den Traditionen eurer heiligen Kirchen folgt, mag euch diese Aussage wie ein Werk der dunklen Mächte erscheinen. Aber ich lade euch ein, setzt euch genau und sorgsam auseinander mit den Lehren und Philosophien, denen ihr folgt. Alle Weisheitslehren der verschiedenen Kulturen eures Planeten beinhalten die Schätze der Wahrheit. Und in jedem eurer heiligen Bücher werdet ihr die Aussagen finden, die bestätigen, dass alles im Göttlichen Schoße Eins ist.

Und die Sorge, die Angst davor, etwas, was scheinbar zu den dunklen Mächten gehört, anzuerkennen, stammt aus den Zeiten der Dualität, in denen ihr, liebste Kinder, die Spaltung erschaffen habt, um mit diesem besonderen Experiment die Wahrheit auf eurem Lernwege neu zu erschaffen und zu entdecken.

Durch die dunklen, scheinbar dunklen, Jahrtausende der Spaltung, in denen ihr den Gedanken bei euch trugt, dass diese Welt aus gut und böse besteht, in all diesen Jahrtausenden habt ihr Reibung erzeugt in der Dualität. Und ihr wisst, dass diese Reibung neues Licht erschafft. So habt ihr neues Licht erschaffen, das jetzt als Geschenk zu eurer Verfügung steht.

Und ich lade euch ein, diese Geschenke mutig zu ent-decken, anzuerkennen, dass manches eurer Überzeugungen einer früheren Zeit dualistischen Denkens angehört, um die Einheit aus den Widersprüchen zu erschaffen. Es ist dies ein Prozess des Erkennens und Ent-deckens. Und indem ihr ent-deckt, aufdeckt und anerkennt, was ist, dient ihr der Geburt eures neuen Zeitalters.

Und da ihr Licht erschafft in diesem Prozess, findet diese Geburt einen gesegneten Widerhall in den unendlichen Dimensionen des Universums. Und ihr steht im Licht der Gnade und seid gesegnet für euer Tun.

Und es mag sein, dass ihr Momente des Zweifels durchlebt; wo die vielen dualistischen und trennenden Grundsatzideen früherer Jahrhunderte euer Herz in Unruhe versetzen. Momente, in denen ihr darum ringt, wirklich herauszufinden, welches die göttliche, die richtige Seite sein könnte. Und immer dann, wenn Zweifel und Unruhe in eurem Herzen Platz nehmen, erinnert euch daran, dass die Göttliche, Unendliche Eine Liebe keine Form der Trennung oder Spaltung beinhaltet. Das Göttliche ist Eins! Und in allen weisen Büchern eurer verschiedenen Lehrer und Schulen findet ihr diese Aussage, wenn ihr sorgsam danach forscht.

Aber auch ohne ein aufwendiges Studium könnt ihr ganz einfach und leicht erkennen, wo der Weg des Göttlichen wahrhaftig ist: Immer dann, wenn euer Herz in friedlicher, gütiger Liebe Ruhe findet und bereit ist, die Großartigkeit des Lebens in allen seinen Facetten anzuerkennen; immer dann, wenn eure Gefühle voller Heiterkeit, Freude und Leichtigkeit sind; immer dann, wenn eure Gedanken zur Ruhe kommen und im Einklang schwingen; immer dann wisst, meine Kinder: das ist eure göttliche Heimat!

Da, wo der Zweifel aufhört und die Widersprüche erlöst sind, BIN ICH! Und dieses ICH BIN ist der kostbarste Kern und das göttliche Erbe eines jeden von euch!

In Liebe und Dankbarkeit.

Der Ruf der Seele

Seid gegrüßt, meine geliebten Kinder, und fühlt die Freude dieses stillen Miteinanders, das wir gemeinsam teilen!

Immer häufiger erfahrt ihr in dieser Zeit den Ruf eures Herzens. Es ist dies der Ruf eurer Göttlichen Seele, die euch einlädt, den Weg zu der Quelle aller Glückseligkeit jetzt zu gehen. Und es ist dies ein großes Projekt. Denn all die Myriaden Lichtfunken Göttlicher Existenz möchten sich auf diesem Wege einfinden und vereinigen. Und alle Teile deines Seins, die bewussten und die unbewussten, und die, die sich in den vielen Dimensionen dieses Universums aufhalten, streben zu dir, um jetzt diesen gemeinsamen Weg zu gehen.

Viele von euch erleben die Frustrationen und manchmal Erschütterungen, die die Begegnung mit den tief unbewussten Anteilen eures Seins mit sich bringt. Eure Wissenschaftler berichten seit einigen Jahrzehnten, dass der größte Teil eures wirklichen Seins nicht in eurem Bewusstsein lebt. Vielmehr leben all diese Facetten eures Seins im Schatten eurer nicht bewussten Lebenswelt. Und weil das Licht jetzt täglich mit mehr und mehr Kraft zu euch kommt, werden die Schatten durchsichtig, und die Welt wird hell. Deine innere Welt, die einmal unbewusst war, wird hell.

Und es ist so, als würden die unbewussten Teile deines Seins in der früheren Zeit ein ganz eigenes Leben geführt haben, das nicht mit deinem bewussten Sein verbunden schien. Und mit dem neuen Licht und der kraftvollen, feinen Energie dieses neuen Zeitalters entdeckst du die Verbundenheit mit dem, was im

Schatten lag; und du hast die Gelegenheit, all das zu dir zu nehmen, was wirklich zu dir gehört.

Und so spürst du, geliebtes Menschenkind, den Ruf deiner Seele, die dich anleitet, dich zu versammeln und mutig deine Wahrnehmung in die Welt deiner eigenen Schatten zu richten. Richte dich aus und erfahre dein Eines Sein!

Und immer dann, wenn die Anteile sichtbar werden, die früher im Schatten lagen, mag es sein, dass du in deinem Leben diese gewisse Erschütterung erfährst, die dich unruhig macht und oft auch verständnislos. Ohne Verständnis für das, was vorgeht, magst du sein, im Anblick dieser Begegnungen mit den vielfältigen Wesenheiten und Anteilen deines ganzen Seins.

Und ich lade dich ein: Beobachte entspannt und sorgfältig die Momente der Unruhe und Verständnislosigkeit in deinem Leben. Immer dann, wenn du das Gefühl hast, die Dinge würden nicht in der richtigen Weise geschehen; immer dann, wenn du das Gefühl hast, dass sich andere Menschen auf die verkehrte Art zu dir stellen; und immer dann, wenn du dich verwirrt und ohne Verständnis fühlst, bist du in direktem Kontakt – in der direkten Begegnung – mit den einst unbewussten Anteilen deines Selbst.

Und du wirst erfahren, dass all die Menschen um dich herum, die dir als Spiegel deines eigenen Seins dienen, dir Gelegenheit schenken und Hinweise geben auf diese, deine ganz persönliche Begegnung mit dir.

Und so lade ich dich ein, mein geliebtes Menschenkind: Sei mutig im Anblick der Widernisse! Sei mutig, wenn alles durcheinander zu geraten scheint! Und sei mutig, wenn das, was du für richtig hieltest, plötzlich in Frage gestellt ist! Denn immer dann begegnest du – in diesem Augenblick – all den wertvollen Anteilen deines gesamten Energiepotenzials.

Und das ist der Ruf deiner Seele, die dich aufwecken möchte, um ganz zu werden. Dieser Ruf geht über euren Planeten. Und die große Menschenseele, von der ihr alle Teil seid, wird nicht aufhören, diesen Ruf auszusenden – bis die Zeit gekommen ist, in der ihr begreift, wer ihr seid und wie viel Verbundenheit ihr miteinander teilt.

Freut euch darauf, meine geliebten Kinder, denn dies ist das Goldene Zeitalter! Vieles, was euch jetzt noch als Mühe erscheint, wird von euch abfallen, wie die alte, nicht mehr benötigte Hülle, die die Raupe abgibt, wenn sie zum Schmetterling wird. Und so wie der Schmetterling voller Freude hinaus fliegt ins Sonnenlicht und eine völlig neue Welt entdeckt, die ihm als Raupe nicht zugänglich war, so werdet ihr frei und voller Glück im Licht genießen, was euer ist!

Und weil ihr mich eingeladen habt, dabei zu sein und euch zu geleiten, erfahren wir dieses Glück im tiefsten Innern eurer Herzen, in tiefster Verbundenheit. Seid gesegnet, meine Kinder, und habt Dank dafür, dass ihr es wagt, euch dieser großartigen Transformation zu öffnen.

In Liebe und Dankbarkeit.

Vertrauen

Seid gesegnet und gegrüßt, meine Kinder, in Liebe und fühlt die große Freude unseres Miteinanders in euren Herzen!

Ihr lebt jetzt in einer Zeit der Veränderung, und diese Veränderung findet auf allen Ebenen eures Lebens statt. Und ich weiß, so wie du es weißt, dass sich diese Veränderung für dich häufig als Mühsal und Herausforderung darstellt. Und ich weiß, meine geliebten Kinder, dass es nicht immer einfach ist für euch, euren Weg zu gehen. Und ich höre eure Bitten, eure Hilferufe und bin bei euch. Seid gewiss und ohne Zweifel und vertraut dieser Gemeinschaft, die so innig ist, dass wir sie gleichzeitig als Einheit erleben können.

Über Jahrtausende wart ihr gezeichnet von Gefühlen der Angst aus unterschiedlichster Quelle. Und diese Gefühle der Angst habt ihr selbst erzeugt – durch die Gestaltung eures Miteinanders. Und so lange, über so lange Zeit, wie ihr Angst erfahren habt und Furcht, hat sich dieses Gefühl in euren Zellen gespeichert, so dass die Angst eine eigene Energiestufe in eurem Leben erzeugt. Wie ein großer Energiekörper, der durch eure Taten, Gedanken und Gefühle genährt wird.

Und da die Energie der Angst und Furcht schon so lange ganz nah in eurem Lebensfeld gespeichert ist, ist es jetzt eure Aufgabe, diese Energie im reinen Licht zu erlösen und Vertrauen zu entwickeln.

Ihr könnt euch vorstellen, dass die Energie und Qualität der Angst so etwas ist wie die Krankheiten, die ihr auf der körperlichen Ebene erfahrt. Und ähnlich, wie manche Krankheiten übertragbar sind, überträgt sich die Angst als energetisches Klima in eurem Leben. Und diese bereits selbständig gewordene Energieform berührt euch auf vielfältige Weise. Und indem ihr ihr begegnet und eure Schwingung darauf ausrichtet, erfahrt ihr sie in euren Herzen, Gedanken, Gefühlen und in eurem Körper.

Um die Geburt der neuen Zeit möglich zu machen, ist es wichtig, meine geliebten Kinder, dass ihr Vertrauen übt. Und dieses Vertrauen wird mehr und mehr die Angst-Energieform erlösen, so dass in einigen Jahren Angst als Gefühl nur noch ein blasser Teil eurer Erinnerung sein wird.

Und ich lade euch ein, meine liebsten Kinder, diese Übung des Vertrauens nachhaltig zu machen! Beobachtet eure Gefühle und Gedanken und werdet euch bewusst darüber, wann, in welchen Momenten, ihr noch mehr Vertrauen in euch erschaffen könnt. Und wenn sich Sorge und Angst in euch einnisten möchten, lasst sie wieder los. Und erinnert euch an die Übung des Vertrauens.

Helft euch, das Vertrauen zu erlernen, indem ihr all die Momente in eurem Bewusstsein versammelt, in denen die Dinge, die ihr brauchtet, auf wunderbare Weise, wie von selbst, zu euch kamen. Erinnert euch an die glücklichen Fügungen und die wunderbaren Geschenke, die euer Leben Tag für Tag für euch bereithält. Und erinnert euch ganz bewusst daran, dass ihr in eurem tiefsten Herzen wisst, wie unendlich ihr verbunden und behütet seid. Nehmt Kontakt auf mit diesem tiefen Wissen eures Herzens und ruht euch darin aus.

Lasst nicht zu, dass die Unruhe euch ergreift und sich von eurem Energiefeld nährt! Stärkt die Ruhe und das Vertrauen eures Herzens. Versammelt in eurem Bewusstsein alles, was ihr an freudvollen Geschenken auf eurem Weg bereits erfahren konntet!

Und es ist dies eine sehr bewusste Übung, die die Geburtswehen des neuen Zeitalters erleichtert. Denn immer dann, wenn ihr dem großen Energiekörper der Angst früherer Jahrtausende die Nahrung entzieht und die lichtvolle Ruhe in eurem Herzen erschafft, hat dieser Energiekörper Gelegenheit, sich zu wandeln. Und so dient ihr euch selbst, eurem eigenen Leben, und all denen, die vielleicht jetzt noch ganz unbewusst mit dem Energiekörper der Angst in Kontakt stehen und daran leiden.

Und einen weiteren Dienst leistet ihr, indem ihr diese Übung macht, meine liebsten Kinder: Stellt euch vor, wie in einigen Jahren der Energiekörper, der früher durch Angst genährt wurde, lichter und heller wird. Stellt euch vor, wie euer kostbarer Planet umhüllt ist von einem Energiekörper des Vertrauens, zu dem alle Menschen dieser Erde Zugang haben. Ein Energiekörper des Vertrauens, der euch auf wunderbare, neue Weise ernährt und unterstützt.

Und dann schaut hin, meine liebsten Kinder, was geschieht, und entdeckt voll Freude, wie die Menschheit im Kontakt mit der Energie des Vertrauens *frei ist*. Denn niemand, der das Vertrauen in seinem Herzen bewahrt, kann abhängig gemacht werden für die Interessen anderer! Und niemand, der das Vertrauen in seinem Herzen bewahrt, kann missbraucht werden für Kriege, Gewalttaten oder anderes Leid, das ihr euch in der Vergangenheit zufügtet.

Und ihr alle – verbunden mit der Energie des Vertrauens und genährt von diesem Potenzial – werdet euch in die Augen schauen und erkennen, wer ihr seid! Und so führt Vertrauen zur Freiheit – im tiefsten Sinne eures Herzens. Betrachtet dieses Bild und freut euch darauf, wie viel leichter euer Leben sein wird, wenn diese Wandlung stattgefunden hat. Und nehmt die Mühe auf euch, alles, was zur Zeit noch schwierig ist, im Licht eures Herzens zu wandeln und zu transformieren. Denn euer Geschenk der Freiheit und Glückseligkeit erwartet euch schon jetzt!

In Liebe und Dankbarkeit.

Natur

Seid gegrüßt, meine geliebten Kinder, in der Verbundenheit der Herzensliebe! Eure Hilferufe erreichen mich und zeigen mir, dass ihr euch Begleitung und Unterstützung wünscht. Und ihr sollt wissen, dass diese Begleitung und Hilfe immer in euch ist, in jedem Augenblick!

So reicht es aus, dass ihr die Momente der Stille aufsucht, um euch ganz in eurem innersten Herzen zu versammeln, euch in meinen Armen behüten und bergen zu lassen und das Vertrauen einzuatmen, dass alles gut ist, in jedem Augenblick!

Übt diese Haltung, meine geliebten Kinder, und findet eure Orte, an denen es euch leicht wird, in dieser Heiterkeit und Stille eures Herzens zu verweilen. Entdeckt die Plätze in der Natur, die euer wunderbarer Planet euch schenkt, und findet im Einklang mit den vielen Erscheinungsformen des einen Göttlichen eure innerste Herzensheimat.

Euer Planet und alle Natur, in der ihr lebt, sind durch euer Tun in Mitleidenschaft gezogen. Und ihr wisst um die Not, die euer kostbarer Planet durchleidet. Und Terra Gaia hat begonnen, euch deutlicher zu zeigen, dass diese Not Folge eures Handelns ist. Erdbeben und Überschwemmungen erschüttern euren Planeten. Und so liegt auch die Göttin Gaia, Terra Gaia, in den Wehen des neuen Zeitalters.

Und es mag sein, dass ihr Angst, Schrecken und Sorge empfindet, wenn ihr Teil habt und aufmerksam werdet auf diesen teils schmerzvollen Geburtsprozess. Und ich bitte euch darum: Erinnert euch daran, dass all euer Denken, Fühlen und Tun

Energieformen hervorruft, die in Verbindung mit eurem Planeten und der Natur, in der ihr lebt, Wechselwirkungen und Reaktionen erschaffen.

Und so ist es an euch, in euren Gedanken, Gefühlen und Handlungen bewussten Frieden zu erschaffen, damit ihr die Resonanz des Friedens von eurem Planeten als Geschenk zurück erhaltet. Erkennt und erinnert euch, wie kostbar die lebendige Natur eures Lebensraumes ist. Und seid euch bewusst, wie dringend ihr eine jede der Myriaden von Wesenheiten braucht, die in der Natur leben und euren Lebensraum erschaffen. Eine jede, und sei sie noch so klein und scheinbar unbedeutend, ist Teil des Ganzen, und erschafft eure Heimat.

Und ich bitte euch, meine Kinder, erinnert euch daran, dass ihr es seid, die diese Heimat behüten dürfen. Schafft Klarheit, Frieden und Liebe in euren Gedanken, Gefühlen und Handlungen. Und erfahrt die Antwort der Göttin Erde. Und empfangt als Geschenk einen neu gestalteten, friedlichen und leuchtend schönen Lebensraum, in dem ihr geborgen, aufgehoben und genährt seid.

Seid euch der innigen Verbundenheit bewusst, die ihr hier, in eurer Menschengestalt, mit eurem Heimatplaneten erfahrt. Und seid euch bewusst, dass jeder einzelne Gedanke, jede Gefühlsenergie und wirklich jede eurer Taten Einfluss hat auf das Ganze. So bitte ich euch: Nehmt die Gelegenheit wahr, Ruhe in eurem Herzen zu erschaffen, euch in der kostbaren und wunderschönen Natur um euch herum zu verwurzeln und so für die Entwicklung hinein in ein neues Zeitalter als hilfreiche Botschafter tätig zu sein.

In Liebe und Dankbarkeit.

Hierarchien und Neuordnung

Seid gegrüßt, meine geliebten Kinder, in Göttlicher Liebe und in der Verbundenheit des Herzens!

Immer wieder spreche ich zu euch über die Strukturen eurer Lebenswelt, die ihr erschaffen habt, und darüber, dass sich all das in der jetzt angebrochenen Zeit verändert. Viele Strukturen, in denen ihr lebt und arbeitet, sind nach hierarchischen Gesetzen geordnet. Und es ist euch vertraut, in einer linearen Ordnung der Bedeutsamkeit zu denken und wahrzunehmen.

Es ist euch vertraut, anzunehmen, dass manche von euch besser, intelligenter, klüger, fortgeschrittener oder ganz einfach vorgesetzt sind. So gibt es diejenigen, die in eurer Welt bestimmen, und die vielen anderen, die diesen Bestimmungen folgen. Und ich sage euch jetzt: All das, was euch in dieser Weise vertraut ist, wird vor euren Augen und unter euren Händen dahinschmelzen. All das, was euch vertraut ist an Ordnung, wird sich auflösen und neuen Strukturen Platz machen.

Und dies ist das wichtigste Merkmal aller neuen Strukturen: Erkennt die Göttlichkeit und den wirklich kostbarsten Wert einer jeden Menschenseele in jeder und jedem, denen ihr begegnet. Erkennt und anerkennt, dass die Unterscheidung der Menschen in besser und schlechter, entwickelter und wenig entwickelt, klüger und dümmer, dass diese Unterscheidung, ebenso wie die vielen anderen, die ihr trefft, ein Produkt eurer eigenen Illusion ist.

Und erkennt die Wirklichkeit – die eine Wirklichkeit und Wahrheit! Erkennt, dass ein jedes von euch in seiner göttlichen

Würde gleichermaßen wertvoll und kostbar ist wie das andere. Und indem ihr dies erkennt, schafft unter euch neue Bündnisse! Gestattet euch, im respektvollen Bewusstsein voneinander zu lernen, dass ihr alle gleichermaßen Gottes Kinder seid.

Und dann nehmt eure Gaben und reicht sie einander. Tauscht aus und teilt all das, was ein jedes von euch einbringen möchte und einbringen kann. Und ebenso wie ihr in einer guten Gemeinschaft, in Familien, Gruppen und Gemeinden, diesen Austausch pflegt, so übt dies auch in der Gemeinschaft der Völker. Erkennt dies, meine Göttlichen Kinder: Ein jedes Volk mit seinen Traditionen, seiner Geschichte und seinen besonderen Eigenheiten ist kostbar in Gottes Augen! Und ein jedes Menschengeschlecht leistet seinen einzigartigen, wertvollen Beitrag zum Ganzen.

Übt euch darin, meine geliebten Kinder, den Austausch eurer Gaben zu pflegen! Übt euch darin, zu teilen, was euer ist; und anzunehmen, was die anderen euch überreichen! Und tut all dies in tiefster Wertschätzung und Anerkennung des göttlichen Funkens in euch allen!

Erlöst und löst die Konzepte, die von Unterentwicklung und Entwicklung sprechen. Erlöst und löst Hierarchien, die nicht von Weisheit gekennzeichnet sind, sondern Unterdrückung des freien Willens und der kreativen Entfaltung zum Zweck haben. Erlöst und löst auf, was die dualistischen Strukturen vergangener Jahrtausende erschaffen haben. Und ebnet den Weg für die Wandlung hin zu einem neuen Miteinander zu euer aller Nutzen und zur Erschaffung des glücklichen Friedens, nach dem ihr euch sehnt.

Und so, wie manche von euch ihre Führungsrollen abgeben werden im Erkennen, dass ein jedes gleichermaßen wichtig ist in diesem Göttlichen Spiel, so werden manche von euch auf neue Art Verantwortung übernehmen. Und es ist eine Aufgabe für euch alle, den Teil hinzuzunehmen, im Führen und Geführt-Sein, den ihr bisher noch wenig entfaltet hattet.

Freut euch, meine geliebten Kinder, auf die Gemeinschaften der neuen Energie: auf die menschlichen Gemeinden und die Vereinigung der Völker, die in gegenseitigem Respekt und in gegenseitiger Anerkennung leben dürfen. Richtet euch aus und gestaltet mit, was ihr in eurem Herzen schon vor langer Zeit als Weg gewählt habt. In tiefster Liebe und inniger Verbundenheit grüße ich euch.

In Liebe und Dankbarkeit.

Vertrauen und Sicherheit

Seid gegrüßt, meine geliebten Kinder, und bedankt für die Gemeinschaft, die ihr mir anbietet. Empfangt meine Umarmung und genießt für einen Moment das stille Miteinander, das in unseren Herzen die Einheit spiegelt.

Diese Momente der Stille sind besonders wichtig jetzt in der gegebenen Zeit. Denn immer mehr spürt ihr, wie um euch herum und in euch Bewegung entsteht. Immer schneller schreitet die Entfaltung und Ent-wicklung voran. Und was sich dabei entfaltet und entwickelt, ist das Göttliche Potenzial eines jeden und einer jeden von euch.

Ihr habt beschlossen, zurückzukehren zu eurer Quelle; und ihr bringt mit euch die gefüllten Taschen eurer Erfahrungsschätze, die ihr auf eurem Weg durch die dichtesten Stufen der Materie gesammelt habt. Und so reich beladen an Erfahrungen und Markierungen in eurem Energiefeld, habt ihr euch auf den Rückweg begeben, um all diese Geschenke eurer Arbeit ins Licht zu heben und zur Verfügung zu stellen.

Und da der Prozess der Entfaltung und Entwicklung voranschreitet, erlebt ihr Beschleunigung. Und es mag sich für euch anfühlen wie eine immer schneller werdende Zeit. Und ich sage euch, dass dies eine Illusion ist, die in eurer dreidimensionalen Welt als Orientierungshilfe von euch erschaffen wurde.

Die Illusion des Voranschreitens in der Zeit ist eine Ordnungshilfe, die ihr über Jahrtausende genau so brauchen konntet. Und nun, da die Trennungen zwischen den Welten leichter, poröser und flüssiger werden, entdeckt ihr immer häufiger den

89

Moment des Jetzt. Den einen Augenblick deines Seins, immerdar und immerwährend. Und vielleicht entdeckt ihr auch schon, wie glückselig sich dieser Moment des reinen Göttlichen Seins in Liebe anfühlt. Und wenn ihr davon gekostet habt, so mag es sich darstellen und anfühlen wie ein Nektar ganz besonderer, leichter Süßigkeit. Und dies ist die Göttliche Speise, nach der euer Herz verlangt.

Und um diese Speise zu genießen, ist es wichtig, meine liebsten Menschenkinder, dass ihr die Momente und Orte der Sammlung aufsucht. Und ausschließlich dein ganz persönliches Empfinden, ausschließlich die Wahrnehmung deines innersten, friedvollen glückseligen Seins zeigt dir den Weg auf in diese Dimensionen.

Und so mag es sein, dass ihr auf ganz unterschiedliche Weise euren persönlichen Moment der Stille erfahrt. Und ich bitte euch: Verurteilt niemanden! Kritisier niemanden, der den Ort der Stille auf andere Art erfährt, als du es tust! Denn alles ist im Göttlichen Plan eins. Und alles gehört zum Ganzen.

Und so mag es sein, dass manche von euch den persönlichen Moment, den Nektar der Stille, im Trubel des alltäglichen Lebens entdecken. Und es werden junge Leute unter euch sein, die ganz besonders laute und scheinbar aufdringliche Situationen aufsuchen, um an diesen Ort eigener Stille zu gelangen. Und während sie sich in den lauten und aus mancher Sicht anstrengenden Ebenen dieser Welt aufhalten, leisten sie einen doppelten Dienst: indem sie sich diesen Strukturen aussetzen, indem ihr, geliebte Menschenkinder, dies tut, erhalten auch diese Formen der Wirklichkeit die Gelegenheit, im Licht zu sein.

Und so lasst los, meine liebsten Kinder, alle Wertung und Beurteilung. Und lasst gelten, was ein jedes von euch als richtig erfährt und wahrnimmt. Und lasst gelten, dass in diesem Universum unzählige Unterschiede der Göttlichen Präsenz existieren.

Und seid euch bewusst, dass ihr selbst es seid, die diese erschufen und erschaffen.

Indem die Entfaltung und Entwicklung des Göttlichen Seins voranschreitet, erlebt ihr turbulente Zeiten auf eurem Weg. Und es mag sein, dass alles, was ihr einmal für selbstverständlich und unantastbar richtig hieltet, sich nun verändert. Und es mag sein, dass sich gerade die Momente, die ihr als unumstößliche Wahrheit anerkanntet, als veränderungsbedürftig erweisen.

Und mein Herz weiß, ihr geliebten Kinder, dass dieses eine große Prüfung für euch bedeutet. Denn da ihr Abstand geschaffen habt zwischen euch und eurem Göttlichen Kern, seid ihr in die Illusion der Verlorenheit geraten; in die Illusion, getrennt und alleine euren Weg gehen zu müssen. Und ganz natürlich ist es, dass ihr euch nun Sicherheiten erschaffen habt, um diesen schmerzvollen Zustand des scheinbaren Getrennt-seins ertragen zu können.

Ihr werdet verstehen lernen, dass die Trennung, das Gefühl der Trennung, eine Illusion ist. Und im selben Augenblick wird euer Bedürfnis nach Sicherheit dahinschmelzen. Und euer Vertrauen in die lebendige, bewegliche Vielfalt Gottes wird wachsen.

Und da ihr mutig seid, meine Kinder, habt ihr zugestimmt, in jedem Augenblick ein wenig rascher von euren Sicherheiten loszulassen, um wie in einem Sog, wie in ein Vakuum hinein das neue Vertrauen anzuziehen. Es ist so, als würdet ihr zuerst bezahlen, indem ihr eure Sicherheit und euer Bedürfnis nach festgelegten Strukturen auf den Tisch legt und darbietet.

Und für diese Bezahlung, für diese ganz freiwillige Darbietung schenkt euch das Göttliche den Frieden des Herzens und die Gewissheit des Einen Seins. Und so danke ich euch für den Mut, den ihr einbringt, um die Entwicklung dieses Erkennens mit zu erschaffen. Ich umarme euch in Liebe, meine Kinder. Und seid gewiss, dass ich immer und in jedem Augenblick bei euch bin; und ganz besonders, wenn ihr vorübergehend in den Irrtum der Trennung verfallt und das Unbehagen spürt, scheinbar verloren zu sein, genügt der allerkleinste Impuls deines Herzens und deiner Gedanken, um in meinen Armen Schutz, Geborgenheit und Anbindung zu finden.

Und so lasst euch umarmen, meine liebsten Kinder, und danken für euer Sein und für die Gemeinschaft, die ihr euch untereinander und mir und allen anderen Göttlichen Helfern anbietet.

In Liebe und Dankbarkeit.

Neuordnung

Seid gegrüßt und umarmt, meine geliebten Menschenkinder! In Dankbarkeit für die Gemeinschaft, die ihr mir anbietet, spreche ich zu euch.

Viele von euch wissen und erkennen täglich mehr, dass ihr in einer großen Zeit Göttlicher Veränderung lebt. Und viele von euch wissen, dass ihr selbst es seid, die diese Bewegung ersehnt, herbeigerufen und dann erschaffen haben. Und während ihr euch danach sehntet, eigene Entwicklung und Veränderung zu Frieden und Glück in eurem Leben zu erschaffen, habt ihr vielleicht übersehen, wie sehr ihr verbunden seid mit allem, was ist.

Und so kann es sein, dass ihr Überraschung fühlt, wenn ihr nun erfahrt, dass die Veränderung alles ergreift, was ist. Euer kostbarer Planet, die Göttin Gaia, ist dem Ruf gefolgt und erfüllt den Wunsch und die Sehnsucht ihres Herzens nach Transformation in feinere Ebenen. Und ich bitte euch, meine liebsten Menschenkinder, haltet einen Moment inne und werdet euch bewusst, was alles ihr eurem Planeten in den Jahrtausenden der Menschheitsgeschichte übergeben und anvertraut habt.

Und erinnert euch und werdet euch bewusst, wie die unterschiedlichsten Kulturen der verschiedenen Regionen, Landschaften und Zeiten, jeweils auf ganz eigene Art, diesen Planeten mit ihren Gefühlen, Gedanken und Handlungen mitgestaltet haben. Jede Kultur, jede Gruppe von Menschen, jede Familie und jedes einzelne Menschenwesen hat diesen Planeten mit ihren und seinen ganz persönlichen Informationen geprägt.

Und da ihr, meine lieben Menschenkinder, durch die Jahrtausende der Dualität gegangen seid und dabei die düsteren und schweren und oft leidvollen Anteile des Göttlichen erkundet, hat euer Planet, die Göttin Erde, all diese Strömungen und Vibrationen aufgenommen. Und so kam es, dass dieser kostbare, besondere Planet dichter und dichter wurde. Und genau wie ihr euch danach sehnt, meine Kinder, mehr Leichtigkeit, Frieden und göttliche Freude in euer Leben aufzunehmen, so sehnt auch euer Planet sich danach, in neuem Gewande, mit leichteren, leuchtenden Hüllen seine Ent-wicklung zu gestalten.

Und auch wenn es euch merkwürdig erscheinen mag: Eure Entwicklung, meine liebsten Kinder, ist in Göttlicher Vollkommenheit abgestimmt auf die Entwicklung eures Planeten und eures ganzen Lebensraumes. Und so werdet ihr erfahren, dass all das, was ihr selbst in dieser Zeit an Reinigung, Transformation und Ent-wicklung durchlebt, euren ganzen Lebensraum betrifft; und nichts ist davon ausgenommen.

Alle Gattungen des Göttlichen Lebens, die ihr auf eurer Erde findet, alle Elemente eures Lebensraumes, alle Planeten eures Sonnensystems und alle Sonnensysteme und stofflichen Erscheinungswelten im ganzen Universum wurden angestoßen und in Bewegung gebracht durch den Impuls der Wandlung und durch die Sehnsucht, den Weg nach Hause anzutreten, die ihr ausgesendet habt.

Und so seid ruhigen Herzens, meine geliebten Kinder, und wisst, dass alles in der Göttlichen Ordnung richtig ist, in jedem Augenblick. Und beobachtet die Wandlungen, die stattfinden, mit ruhigem Herzen und dem Verständnis und dem Anerkennen, dass dies alles euer Weg, euer selbst erschaffener Weg, zurück zu eurer Göttlichen Quelle ist.

Und erkennt an, dass alle Formen der Schöpfung, alle lebendigen Erscheinungsformen und auch die, die ihr als nicht lebendig betrachtet, die Tiere, Pflanzen, Steine, Kristalle, das Wasser, euer geliebter Planet Erde und auch all die Erscheinungsformen, die ihr augenblicklich noch nicht bewusst wahrnehmt: die Formen der Gedanken, Gefühle und Glaubenssysteme; dass sie alle in Bewegung geraten sind, um Teil zu haben an der großartigsten Verwandlung und Ent-wicklung eurer gesamten Geschichte.

Und seid voll Vertrauen im Anblick all dieser Verwandlungen. Vertraut dem Göttlichen Impuls der Wandlung, dass das Werk richtig gestaltet wird. Nehmt hin, dass manch ein Leben diese Form verlässt, um neu zu werden. Und nehmt hin, dass manch eine Ordnung, die euch vertraut war, aufgelöst wird, um neu zu werden. Und nehmt hin, dass ihr selbst, mit allen euren unzähligen Facetten und Daseinsmomenten in diesem kraftvollen Göttlichen Strudel der Neuordnung eure Heimat findet, um zu werden, was ihr schon immer gewesen seid.

In Liebe und Dankbarkeit.

Gefühle

Seid gegrüßt, meine liebsten Kinder, und empfangt den Segen der Göttin. In Dankbarkeit begegne ich euch. Und in Dankbarkeit nehme ich eure Bereitschaft entgegen, unsere Gemeinschaft zu erspüren.

In der heutigen Zeit seid ihr raschen Bewegungen ausgesetzt, und eure Gefühle und Gedanken erfahren eine Erneuerung. Und um besser zu verstehen, welche Wege und Energieformen euch begegnen, berichte ich euch von eurem Dasein, wie es sich auf unserer Seite darstellt.

Ihr mögt euch fragen, wie die unterschiedlichen Gefühle und Gedanken in euch entstehen können. Und ganz besonders in der gegenwärtigen Zeit, wo ihr rasche Veränderungen und rasche Wechsel erfahrt, kann es sein, dass sich die Welt eurer Gedanken und Gefühle wie ein einziges Durcheinander darstellt. Und es mag sein, dass ihr in einem Augenblick voller Zuversicht und friedlicher Ruhe eure Aufgaben erfüllt und im nächsten Augenblick Störung und Chaos erlebt, wenn ganz andere Impulse durch eure bewusste Wahrnehmung strömen.

Und ich lade euch ein, all dies aus dem friedvollen Herzen eurer innersten Heimat zu beobachten. Und so wie der Bauer und die Bäuerin das Wetter beobachten und ihr Feld bestellen und die Ernte einfahren dann, wenn es am klügsten erscheint, und mit den Gezeiten und Stürmen des Lebens mitgehen, so könnt auch ihr, meine liebsten Kinder, euch einfügen in die verändernden, kraftvollen Energiewellen, die ihr gerufen habt und die jetzt durch euer Leben strömen.

Und eure Gefühle und Gedanken sind dabei farbige Wolken aus Energie in unterschiedlichen Dichtegraden. Und am wohlsten fühlt ihr euch dann, wenn alles im Fluss ist. So nehmt diesen Hinweis auf, den ich euch geben will: Beobachtet die Stürme und Gezeiten in den Energiefeldern eures täglichen Lebens. Und erlaubt euch, euch tragen zu lassen. Erlaubt den Energien, durch euch hindurch zu wehen, euch dabei mit zu gestalten und zu formen auf dem Wege in eure lichtvolle Heimat. Und lasst los alle Sorge, alle Furcht; und lasst los euer Bemühen, feste, vorgegebene Strukturen zur Verfügung zu haben.

Gebt euch dem Göttlichen Prozess der Reinigung hin, den eure eigene Göttlichkeit gerufen und erschaffen hat, und genießt dieses Spiel der Kräfte. So wie Kinder in einen Wirbelsturm hinaustreten und sich an den natürlichen, gewaltigen Energien erfreuen. Und beobachtet eure Gefühle und Gedanken aus dieser Haltung: wie im Auge des Sturms, wo Frieden herrscht. Und beobachtet, wie alles um euch herum in Wirbel und Bewegung gerät. Und gestattet es; im tiefsten Vertrauen in diesen Prozess Göttlicher Ent-Faltung.

Und wenn euch die Bewegung zu heftig oder unbehaglich erscheint, dann nehmt diesen Hinweis auf: Stell dir vor, dass in der Linie deines körperliches Seins vom Kopf bis in die Füße und von der Region über deinem Kopf bis in die Region unter deinen Füßen eine lichtvolle, aufrichtende, starke Kraft in dir ist. Besinne dich auf dieses vertikale Licht, das dich zwischen den Elementen und in der dreidimensionalen Achse deines Lebens hier auf der Erde ausrichtet und verbindet. Und verankere und verbinde dich bewusst in dieser Vertikalen und lehne dich daran an, so dass du die Bewegung in Ruhe beobachten und genießen kannst.

Und lehne dich an – an den Schutz des Göttlichen in dir und um dich herum; und lass dich umarmen und geborgen und aufgehoben sein in der Begegnung mit mir und deinem Göttlichsten Kern, der eins ist mit mir.

In Liebe und Dankbarkeit.

Katastrophen

Seid gegrüßt, meine geliebten Menschenkinder, große Engelssee-
len und Teil des einen Göttlichen Lichtes! In Liebe und Dankbarkeit bin ich mit euch. Und in Dankbarkeit nehme ich eure
Bereitschaft entgegen, mit mir zusammen zu sein.

Mein Herz vernimmt euren Ruf und eure Bitte um Schutz in
dieser Zeit des Umbruchs und der Veränderungen. Und ich spüre eure Angst vor dem Neuen und eure Sorge, den vertrauten
Raum eures Lebens zu verlieren. So wie sich euer Planet, die
kostbare Göttin Erde, aufschwingt, um sich zu reinigen und in
neue Dimensionen des Lichtes hinein zu wachsen, so erfahrt ihr,
meine liebsten Kinder, die Unruhen und Erschütterungen des
natürlichen Lebensraumes, den sie euch bietet. Und die Sorge,
euer Heim, euren Platz, euer Haus oder euer Land zu verlieren,
wurzelt tief in euch.

Dadurch dass in dieser Zeit an verschiedenen Stellen des Planeten Unruhe zu Wasser und zu Lande entsteht: Erdbeben,
Überschwemmungen, Naturkatastrophen, Hitze- und Dürrepe-
rioden und völlig unvorhergesehene Momente des Wandels; dadurch, meine geliebten Kinder, erinnert ihr euch tief in eurem
unbewussten Erfahrungsschatz an die zahlreichen Momente des
Untergangs, die ihr in den verschiedenen Zeiten und Kulturen
erlebtet.

Und euer Seelenkörper und euer Energiefeld tragen noch immer die vielen, vielen Erfahrungen des Schreckens, der Angst,
der Not, des verzweifelten Kampfes um euer Überleben, den
Schrecken des Todes und die rein körperliche Angst vor Schmerz

und Leiden in sich. Und jede Veränderung eures derzeitigen Klimas, jede natürliche Bewegung eures Planeten Erde erzeugt eine Resonanz in diesem Feld aus Angst und Sorge.

Euer Planet will sich reinigen und transformieren. Und dabei geratet ihr wechselweise in den Spiegel der Erkenntnis. Euer Erschrecken und eure Angst aus Jahrtausenden menschlicher Entwicklung ist Teil eures Energiefeldes und imprägniert damit das Energiefeld eures Planeten.

Und eure Gelegenheit zum Neu-Werden ist diese: Entspannt euch in euren Gefühlen und Gedanken. Löst euch von den Erinnerungen. Nehmt alle göttlichen Hilfen in Anspruch, um die Muster eurer einst so belasteten Geschichte aufzulösen. Nutzt die kostbare Hilfe des Christuslichtes. Nutzt die Möglichkeit, mit der violetten Flamme des Meisters Saint Germain all die Muster und Erinnerungsstrukturen aufzulösen, die ihr heute nicht mehr braucht. Nutzt die Augenblicke der Stille, um euch mit mir in eurem Herzen so innig zu verbinden, dass alle Angst er-löst – aufge-löst wird. Und findet Ruhe in eurem tiefsten, innersten Göttlichen Kern.

Und indem ihr dies tut, beruhigt sich euer Körper, und euer Nervensystem nimmt neuartige Informationen auf. Und im selben Moment seid ihr frei, um aus der Göttlichen Quelle zu schöpfen und euch zu nähren und die Wahrheit hinter den Erscheinungen zu erkennen. Die Wahrheit eures Göttlichen Ursprungs und eures Seins, das unabhängig ist von Raum und Zeit.

Und indem ihr diesen Anschluss an euer ursprüngliches Göttliches Sein entdeckt, wachruft und bewusst in eurem Herzen bewahrt, werdet ihr erkennen, dass all der Schrecken eurer Geschichte die Folge eines großen Irrtums ist. Und indem ihr anerkennt, dass euer Göttliches Sein in jeder der vielen Dimensionen der gesamten Schöpfung unantastbar und unverletzbar ist, findet ihr Ruhe in eurem Herzen, und euer aufgewühlter, unruhiger

Körper und die Unruhe eurer Gedanken und Gefühle wird erlöst.

Seid Meisterinnen und Meister im Hause eures Körpers. Und seid Meisterinnen und Meister in der Welt eurer Gedanken und Gefühle. Gestaltet als weise Hausherrin und weiser Hausherr ein liebevolles, friedliches Klima in euch. Und erfahrt, wie dieser heilsame Impuls euren Planeten ruhiger und friedvoller durch die Schritte seiner Transformation führt.

Immer dann, wenn ihr euch zusammenfindet und in der Gemeinschaft auf den Frieden eures Herzens ausgerichtet seid, könnt ihr dieses Potenzial noch um ein unendlich Vielfaches steigern. Und die Erde in ihrer materiellen Ausrüstung wird Frieden finden; So wie auch eure Körper und eure Gedanken- und Gefühlsformen friedlich werden.

Und alle die Schritte, die eure Erde, euer Planet, benötigt, um lichter, durchlässiger und heller zu werden, werden mit größerer Sanftheit durchlaufen. Und ihr selber könnt als Resonanz darauf eine neue Erfahrung des Schutzes und der Geborgenheit in eurem Lebensraum machen. Und so wie einst aus den alten Kulturen die Imprägnation zurückgeblieben ist, dass Verwandlung Gefahr, Trennung und Tod bedeutet, könnt ihr, meine liebsten Menschenkinder, jetzt ein neues Muster erschaffen.

Im Einklang mit eurer tiefsten, lichtvollen Göttlichkeit erinnert euch und erschafft eine Geburt des Neuen im sanften Licht des Friedens und der Liebe. Und so wie es schon Zeiten in eurer Geschichte gegeben hat, als die Menschenkinder in friedvollem, warmen Licht geboren wurden und die Freude über diese neue Entstehung von Leben im Vordergrund stand, so könnt ihr jetzt ein neues Bild des Geburtsprozesses erschaffen: löst euch von den alten Überzeugungen, dass Geburt mit Gefahr und Schmerz, Trennung oder Verlust verbunden sein müsste. Löst euch von den Glaubenssystemen und Aussagen früherer Zeiten und Kulturen.

Erschafft euer eigenes freudvolles, neues Glaubenssystem. Und lasst zu und ermöglicht, dass diese Geburt, die jetzt auf so wundervolle Weise für alle Universen und die gesamte Schöpfung bedeutsam ist, eine Geburt der hellsten Freude und Begeisterung im Sinne des Göttlichen Lichtes sein kann. Erschafft eine neue Welt in euren Gedanken und Gefühlen. Eine Welt der Zuversicht, der Liebe und der friedlichen göttlichen Geborgenheit. Und erfahrt, wie alle Materie euren Gedanken und Gefühlen folgt.

In Liebe und Dankbarkeit.

Hüter der Schöpfung

Meine liebsten Kinder, ich grüße euch! Und ich bringe euch den göttlichen Segen aller Dimensionen, die euch anerkennen und lieben!

In der unendlichen Vielfalt göttlicher Schöpfung kennt ihr, meine liebsten Menschenkinder, unzählige Erscheinungsformen und Wesenheiten, die euren Planeten bewohnen. Die Steine, Kristalle, die Pflanzen und Tiere und die vielen, unterschiedlichsten Gattungen eurer Menschenfamilie.

Wenn es euch möglich ist, dann stellt euch jetzt einmal vor, wie diese, für euch schon jetzt unendliche Vielfalt um einen weiteren Faktor der Unendlichkeit erweitert ist. Und erkennt, dass das ganze Universum und alle Universen, alle unvorstellbar zahlreichen Schöpfungsformen der göttlichen Energie um so vieles größer und reicher sind, als ihr es euch in euren kühnsten Träumen nicht einmal vorzustellen wagt.

Schon immer habt ihr, meine geliebten Menschenkinder, Freundschaft gehalten mit bestimmten Gattungen der Schöpfung. Und es gab Kulturen, in denen die Freundschaft den gesamten Lebensraum mit einbezog. Es gab Kulturen, in denen die Menschen jeden Grashalm, jedes Blatt, jede Blume, jeden Stein, jeden Wassertropfen, jeden Sonnenstrahl und jedes Tier – ganz gleich, wie groß oder klein es war – in Liebe und Wertschätzung behüteten.

Und dies ist das Erkennen wirklicher Göttlichkeit! Denn in jedem einzelnen Atom wirkt reinste göttliche Energie. Und in der Vereinigung mehrerer Atome und Moleküle und in der Erschaffung von Formen, wie auch immer sie gestaltet sein mögen, wirkt

105

wie eine magnetische Kraft, wie ein besonderer Klebstoff das Licht und die Liebe Gottes, so dass alles, was euch in eurem alltäglichen Sein begegnet, eine Äußerungsform Gottes ist. Eine Äußerungsform des Göttlichen, eine Äußerungsform meiner selbst.

Und indem ihr euer Herz öffnet und den gesamten Lebensraum in Liebe betrachtet, werdet ihr erfahren, dass diese Liebe auf dem Boden der göttlichen Lichtkraft verstärkt wird und solchermaßen verstärkt zu euch zurück kommt. Und so ist dies eine gute Gelegenheit für euch, meine geliebten Menschenkinder, die Liebe Gottes und der Göttin in eurem alltäglichen Sein in der Materie zu erfahren und zu erproben.

Und all die Liebe, die ihr spontan für die zahlreichen Wesenheiten um euch herum und für die Schönheit eures Planeten empfindet, der euch auf so ganz unterschiedliche Art Heimat bietet in den verschiedenen Formen seiner Landschaften, all diese Liebe genießt wie eine kostbare Nahrung und erfüllt euer gesamtes Sein damit.

Viele von euch haben eine besondere Freundschaft mit einem Tier. Und immer da, wo ihr euch hingeneigt fühlt zu den Haustieren oder auch zu den Tieren, mit denen ihr in ländlicher Gemeinschaft zusammen seid, spürt ihr, dass diese liebevollen Wesen auf ganz besondere Art im Dienst sind. Und viele von euch verehren durch diese Erfahrung die tierischen Gefährten mehr als die menschlichen. Und es ist gut, euer Herz in Liebe zu üben. Und ganz gleich, wohin ihr diese Liebe richtet, so ist sie immer eine wertvollste Kraft, die euch selbst und eurem Lebensraum dient.

Diejenigen von euch, die eine besondere Freundschaft mit einem Tier pflegen, fragen sich häufig, welch ein Wesen in dieser Erscheinungsform verborgen sein mag. Und um besser zu verstehen, wie die Menschen und die Tiere als Teil der Schöpfung zusammengehören, sage ich euch dieses: Ihr, meine Menschenkinder, seid die Kinder Gottes und die direkten Erben und Nachfahren der reinsten göttlichen Energie. Und in euch vollendet sich eine sehr komplexe und vielschichtige Form des einen Göttlichen Lichtes. Ihr seid die berechtigten Erben und Kinder des Göttlichen. Und ihr tragt in euch die Möglichkeit, göttliche Schöpferkraft auszuüben und die Geheimnisse zwischen Form und Nicht-Form zu ergründen. Und das ist eure Besonderheit, meine Menschenkinder, meine geliebten Kinder Gottes. Und deshalb schauen die vielen, vielen Wesenheiten der unterschiedlichsten Dimensionen und Universen mit Staunen, Verehrung und Liebe auf euch. Und sie nehmen die Früchte eures Dienstes in Dankbarkeit entgegen.

Und die vielen anderen Gattungen und Daseinsformen des einen Göttlichen Lichtes sind ein jedes auf seine Art komponiert und geschaffen aus den unterschiedlichsten Anteilen und Möglichkeiten des schöpferischen Göttlichen. Und ihr, meine geliebten Menschenkinder, seid die Geschöpfe, die das ganze, perfekte Abbild Gottes in sich tragen. Und dafür seid ihr so unendlich geliebt. Und gleichzeitig, da ihr so viele Möglichkeiten habt, seid ihr diejenigen, die im Dienst stehen für das göttliche Ganze. Und alle anderen Schöpfungsformen richten sich aus nach eurem Dienst und eurem Dasein.

Ihr versteht nun, meine liebsten Kinder, dass ihr diejenigen seid, die Verantwortung übernommen haben als Kinder des Göttlichen im gesamten Schöpfungsprozess. Und die Tiere und Pflanzen und vielfältigen Wesenheiten sind euch anvertraut. Und so, wie es in der christlichen Bibel die Aussage gibt „macht euch die Erde untertan", so habt ihr die Einladung und die Aufgabe erhalten und übernommen, Hüter der Schöpfung zu sein und all die Wesen, die sich euch anvertrauen, aus eurer göttlichen Liebeskraft heraus zu begleiten und ihre Wege zu segnen.

So haben sich euch auch die Tiere anvertraut. Und viele unter ihnen sind hochentwickelte Wesenheiten, die ihre eigene Form des Dienstes angenommen haben und durch ihre ganz besonderen Erfahrungswelten die Schöpfung bereichern. Eure Tiere sind instinkthafte Wesen einer hohen Intelligenz. Und da, wo ihr selbst als Menschen gerade beginnt, eure instinktive Intelligenz zu erkennen und zu nutzen und euch die Impulse dieses Energiepotenzials bewusst zu machen, können euch die Tiere Anleitung und Vorbild sein.

Und da, wo ihr in eurer bewussten Anbindung an das Göttliche Licht mit Hilfe eurer Intuition die feinsten Vibrationen in euer Leben bringt, achten und folgen euch die Tiere. Denn sie erkennen darin das energetische Potenzial des einen Göttlichen Seins. Und ähnlich wie ihr nach Entwicklung und Einssein im Göttlichen strebt, so entwickeln sich auch die Tiere mit ihrer großen, übergeordneten Tierseele der jeweiligen Gattung hin zum Göttlichen Licht.

Und indem ihr all dies anerkennt und berücksichtigt, meine lieben Menschenkinder, öffnet ihr den Weg zur Sanftheit eures Herzens. Und mit dieser Sanftheit eures Herzens seid ihr fähig, die wirkliche Rolle einzunehmen, die euch als göttlichen Kindern gebührt: die Rolle des Hüters und Mitschöpfers im großen göttlichen Werk. Und alle Tiere und all die anderen Wesenheiten und die Pflanzen und die Elemente, euer kostbarer Heimatplanet und all die anderen Planeten und die Bewohner und Wesenheiten all der anderen Lebenswelten im Universum und in den verschiedenen Universen folgen euch in Anerkennung und Dankbarkeit.

Ich lade euch ein, meine liebsten Kinder, euch an diesem Dienst, den ihr übernommen habt, zu erfreuen und eure Aufgabe mit dem Gefühl für eure wahrhaftige göttliche Würde anzunehmen und zu erfüllen.

Seid gesegnet für diesen Dienst in Liebe und Dankbarkeit.

Der Lichtkörper

Seid gegrüßt und gesegnet, meine Kinder, in Liebe und Anerkennung für euer Dasein!

Die neue Zeit, in der ihr lebt, wird von vielen als *Aufstieg* bezeichnet. Und ihr selber seid dabei, eure körperliche Ausrüstung und auch den Körper eurer Gefühle und Gedanken zu reinigen und zu erneuern. Und all das kennt ihr unter dem Begriff des Lichtkörper-Prozesses. Und ich spreche jetzt zu euch, um eine Vertrautheit und ein Bild in eurem Inneren zu erzeugen, was es mit diesem Geschehen auf sich hat.

Du bist Licht, mein geliebtes Menschenkind – ausschließlich reinstes Göttliches Licht. Und die kleinsten für eure Wissenschaftler nachweisbaren Formen des Lichtes sind so etwas wie ein energetischer Impuls. Und diesen Impuls können eure Wissenschaftler nur wahrnehmen, indem sie die Konsequenzen seines Daseins beobachten. Das Eigentliche liegt hinter den Worten. Und das Eigentliche liegt hinter jeder Möglichkeit der Beobachtung.

Aber so wie in Urzeiten entäußert sich das Göttliche in der Form. Und so entsteht Schöpfung. Und ihr könnt als Folge davon die Spuren des Göttlichen erkennen. Und wenn du jetzt, mein geliebtes Menschenkind, deine körperliche Ausrüstung betrachtest und an dir und deinem Körper herunter schaust, dann sei dir bewusst, dass du eine Komposition aus diesen Spuren der Göttlichkeit darstellst. Das Göttliche Licht erschafft dich. Und die Form, die du bist, und die Gefühlsenergie, die du von dir kennst, und die Gedankenströme, die durch dein Gehirn ziehen,

109

sind die Konsequenzen und Folgen dieses Göttlichen Seins hinter der Welt der Erscheinungen.

Und indem ich mit Hilfe des Mediums in Worten zu euch spreche, entferne ich mich mit jedem Augenblick von dieser Welt hinter den Dingen. Denn schon allein der Versuch einer Form-ulierung, eines in die Form-Bringens, bedeutet die momentane Trennung aus der Göttlichen Einheit. Und genau das ist der pendelnde, dynamische Prozess zwischen der Göttlichen Welt der Erscheinungen und der Göttlichen Stille; der Einen Kraft, die Wurzel und Ursprung jeder Form ist.

Und ihr wisst schon, wenn ihr euch erinnert und in eure tiefste Kammer des Wissens hinein lauscht, dass ihr selber in eurer irdischen Form diese erschaffene Erscheinung der Einen Göttlichen Energie bildet. Und euer dichter Menschenkörper ist so etwas wie verdichteter Wasserdampf, der Form angenommen hat und sich zu Tropfen, Wasserquellen, Seen und Ozeanen gestaltet.

Und bevor ihr euren ganz persönlichen Körper entwickeln konntet, gab es in diesem Wasserdampf göttlichen Potenzials eine Imprägnation deines ganz persönlichen Musters. Und dein persönliches Muster aus Göttlicher Energie von Licht und Liebe ist der materielle Ursprung deines irdischen Körpers.

Und du kannst dir diese verschiedenen Energiestufen wie unterschiedliche Dichtegrade eines Stoffes vorstellen. Und so ist dein Lichtkörper, dein lichtvolles Fahrzeug, das in manchen Kulturen den Namen *Merkabah* trägt, deine göttliche Ausrüstung; komponiert aus Licht und magnetischer Liebeskraft, die dir als Zwischenstufe zwischen den feinsten und durchlässigsten Vibrationen göttlichen Lichtes und der dichteren Stufe deines spürbaren und begreifbaren Menschenkörpers dienen kann.

Und in der nun angebrochenen Zeit der Wandlung werdet ihr, meine geliebten Menschenkinder, nach und nach Zugang zu eurem persönlichen Lichtpotenzial erhalten. Ihr habt darum

gebeten, ihr habt euch eingesetzt und mit eurem Dienst dafür ge-
arbeitet, und nun wartet die Belohnung auf euch. Und wenn der
Moment gekommen ist, wo du dein persönliches Lichtfahrzeug,
deinen lichtvollen, hoch energetisch schwingenden Göttlichen
Lichtkörper, bewusst für dich anerkennst und in Besitz nimmst,
werden deine Möglichkeiten im göttlichen Prozess des Miter-
schaffens auf wunderbare Weise und unendlich gesteigert sein.

So ist der Prozess, den ihr Lichtkörper-Prozess nennt, ein Prozess der Verfeinerung. Und während er geschieht, nehmt ihr
mehr und mehr eurer Göttlichen Energie zu euch. Und aus allen
Dimensionen und Regionen, mit denen ihr in Verbindung steht,
strömt zu euch, was euer ist. Und durch diesen Prozess des Fei-
ner- und Reicher-Werdens werdet ihr gleichzeitig heller durch
die Menge an Licht, die ihr mit euch tragt.

Und als diese hell leuchtenden Punkte im Universum gewinnt
ihr Anziehungskraft für all die anderen Dimensionen der Schöpfung. Und mit der magnetischen Kraft aus Licht und Liebe, die
dem Göttlichen eigen ist, werdet ihr in einem beschleunigten
Prozess immer mehr und mehr Licht zu euch ziehen. Und es ist
ganz natürlich, dass dieser Prozess Aufmerksamkeit erregt und
bei vielen Wesenheiten im Universum Neugier und Sehnsucht
erweckt, daran teilzuhaben.

Und ihr, meine geliebten Menschenkinder, werdet Schritt für
Schritt in die Rolle der älteren, hilfreichen Geschwister kommen.
Und all die anderen Wesenheiten, die teilhaben möchten an dem
Prozess der Erleuchtung, werden aufmerksam sein. Und manche
von ihnen werden sich euch anvertrauen und um eure Hilfe bit-
ten.

Gesegnet seid ihr für diesen Dienst! Lasst euch beschenken,
und lasst euch helfen, wo immer und wann immer ihr möchtet.
Ganze Heerscharen von göttlichen Wesenheiten und Energieformen warten in Liebe darauf, euch ihre Hilfe anzubieten. Wir

bitten euch: Wagt die Begegnung und reicht uns eure Hände für diesen Bund!

In Liebe und Dankbarkeit.

Geld

Seid gegrüßt, meine geliebten Menschenkinder, und verweilt mit mir in der Ruhe des Herzens. In der Welt des Göttlichen sind eure Farben und Energiefelder ein unendlich schöner Anblick.

Und wenn ihr mögt, gestattet euch jetzt diesen Moment des Innehaltens. Und besinnt euch tief in eurem Herzen auf euer wirkliches, wahrhaftiges Göttliches Sein. Und spürt den wärmenden Strom aus Licht und Liebe, in den wir euch jetzt eintauchen und einbinden. Gestattet mir, diesen heilsamen Strom in euch zum Fließen zu bringen. Und erlaubt euch, so viel von dieser lichtvollen Liebesenergie in eure Zellen aufzunehmen, dass ihr euch durch und durch erfüllt und glücklich gesättigt fühlt. Und solcherart verbunden mit dem Göttlichen, betrachtet jetzt, wenn ihr mögt, die Momente eures Lebens, die zu den dichtesten Formen der Materie gehören.

Ihr habt das Geld erschaffen als ein Tauschmittel zwischen den Gütern, die ihr tauschen wolltet. Und so war das Geld ursprünglich ein Zwischenschritt in den Begegnungen und Austauschprozessen, die ihr miteinander erschuft. Und weil ihr die Materie in ihrer dichten Form so ausgiebig erkunden wolltet, hat sich das Geld als Zwischenschritt eurer Handelswege vom Ganzen abgekoppelt und eine eigene Dynamik entfaltet.

Und so ist die Welt des Geldes heute eine eigene Welt geworden mit eigenen Gesetzen, Strukturen und Glaubenssystemen. Und sehr viel Macht, Beherrschung und Manipulation habt ihr im Zusammenhang mit diesen Wirtschaftsformen erschaffen. Und so konntet ihr erkunden, wie es sich anfühlt, Abstand zu nehmen von den göttlichen Eigenschaften der Freiheit, der Selbstverantwortung, der Unabhängigkeit und der spielerischen Schöpferkraft.

Und Schritt für Schritt erfuhrt ihr Schmerz, indem ihr diesen Abstand von eurer Göttlichen Quelle erschuft. Und all der Schmerz, den die Millionen von Menschenwesen im Zusammenhang mit euren Geldgeschäften erfahren haben, hüllt diesen ursprünglich so harmlosen Zwischenschritt im Tausch eurer Güter wie eine feste, dunkle Kruste ein, die alle Lebendigkeit in Starre verwandelt.

Und immer noch gibt es Menschen auf diesem Planeten, die sich so weit von den Eigenschaften ihrer göttlichen Quelle entfernt haben, dass sie meinen, nur durch Herrschaft und Manipulation und Gewinnsucht ein für sie wertvolles Leben erschaffen zu können. Und so wie alles in der Bewegung und in der Transformation ist, entdecken täglich mehr Menschen die wirklichen, wundervollen Qualitäten der Göttlichkeit. Und täglich entdecken mehr von euch den Anschluss, die eigene Verbindung zu dieser Quelle. Und in dem Moment kann auch die dichteste Form der Materie Erlösung und Bewegung erfahren.

Und das Geld und die Geldwirtschaft werden Schritt für Schritt von den Zwängen und Einengungen der Gedankenwelten vieler Jahrhunderte befreit. Und so wird die Zeit kommen, wo ihr wieder erkennt, welches die größten Schätze eures Menschseins sind. Und indem ihr erkennt, dass das Erschaffen eurer eigenen Welt in eurer Macht und Möglichkeit liegt, werdet ihr unabhängig sein von den Strukturen und Gewohnheiten eurer derzeitigen Wirtschaftswelt.

Und es wird einige geben, die diese Entwicklung bedauern. Und ihr Bedauern wächst auf dem Boden des Irrtums und der Illusion. Und es wird die Millionen und Milliarden geben, die diese Erkenntnis voller Freude begrüßen. Und die Welle der Freude wird Energien freisetzen, die weit, weit über dieses Universum hinaus, im ganzen göttlichen Schöpfungsraum die Möglichkeit für Wachstum und Entwicklung erschaffen. Und so werden auch die Menschen, die die Veränderung anfangs mit Bedauern oder Sorge beobachten, schließlich entdecken, dass die größeren Werte in eurer Vereinigung mit den himmlischen Schätzen in euch liegen.

Und so wird Geld als Zwischenschritt im Austausch der Güter eine gereinigte, neue Aufgabe erhalten. Und diese dichte, von euch als dicht erschaffene Materiestufe wird leicht werden. Und das Geld wird euch dienen in euren Begegnungen im Austausch der Völker und wird befreit sein von der Einengung und Würdelosigkeit, die Manipulation, Herrschaft und der Irrtum der Gier mit sich bringen.

Die Zeit wird kommen, meine geliebten Menschenkinder, wo ihr den Irrtum des Mangels als Illusion erkennt. Und indem ihr den Irrtum und die Illusion des Mangels in euer hellstes Göttliches Herzenslicht stellt, wird diese Struktur dahinschmelzen und sich in reine Göttliche Liebeskraft verwandeln. Und so wie alle Materie dem Göttlichen dienen möchte, wird dann auch das Geld als dichteste, zur Zeit noch dichteste, Form der Materie dem Göttlichen, eurem göttlichen innersten Kern dienen.

Und indem ihr eure eigene Illusion des Mangels und alle daran geknüpften Ängste und Besitzimpulse, alle Gefühle der Gier und des Übervorteilen-Wollens anderer für euch erlöst, werden die Strukturen der Wirtschaftssysteme dieser Welt aufbrechen und die Gelegenheit haben, sich zu erneuern. Und da, wo heute noch Macht und Herrschaft über Geld, Wirtschaft und Handel ausgetragen wird, werdet ihr als befreite Menschen im Erkennen und Würdigen eurer Göttlichkeit voll Liebe und Freude euren gemeinsamen Austausch gestalten.

Gesegnet seid ihr, meine geliebten Kinder. Und ich lade euch ein: Freut euch auf diese Zeit, die schon begonnen hat, die ihr herbeigesehnt und erschaffen habt und die ihr als eure Belohnung in Empfang nehmen dürft.

In Liebe und Dankbarkeit.

Freiheit

Ich grüße euch, meine geliebten Menschenkinder, und überbringe euch den Segen des Göttlichen, den ihr in euch selbst erschafft.

Und es mag sein, dass ihr verwundert über diese Aussage seid: dass das Göttliche euch etwas bringt, was ihr erschafft. Und ich lade euch ein, euch einzustimmen auf dieses Bild. Und so werdet ihr den sprudelnden Quell der Verbundenheit in eurem tiefsten Innersten finden: dort, wo das Eine Göttliche Sein zu Hause ist. Und so seid ihr gesegnet aus der Quelle eurer Verbundenheit. Aus der Quelle, die den Anschluss erschafft zwischen dir, meinem geliebten Menschenkind, und all den unendlichen, stofflichen und nichtstofflichen göttlichen Einheiten, die zu dir gehören.

Viele von euch fühlen sich verwirrt in der jetzt angebrochenen Zeit. Und viele spüren Druck und Unbehagen in den Veränderungen, die ihr durchlebt. Und ich bitte euch jetzt, einen Moment innezuhalten und ein Gefühl vollkommener Freiheit in euch zu erschaffen.

Und du kannst beginnen, indem du dich an Momente erinnerst, in denen du diese vollkommene Freiheit gespürt hast. Und dann ruf alle deine Körperzellen in dein bewusstes Sein, nimm alle Gefühle und Gedanken hinzu, auch deine ganze Seelenfamilie und alle göttlichen Potenziale, die mit dir in Verbindung stehen, und werde dir ohne Zweifel bewusst, dass du das höchste Maß Göttlicher Freiheit in dir trägst. Denn nichts anderes ist dein wahrhaftiges Sein: reinste Göttliche Freiheit in Liebe.

Und noch einmal bitte ich euch, meine liebsten Kinder, diese Freiheit mit einem tiefen Atemzug bewusst in euch zu erfahren. Und abzugeben und loszulassen von allem, was der Freiheit scheinbar im Wege steht. Indem du diese Übung praktizierst, findest du tief in dir eine Quelle der göttlichen Nahrung, die dich stärkt und dir hilft, all die Momente in deinem täglichen Sein zu meistern, die dir Aufmerksamkeit abfordern, die dir manchmal Mühe bereiten oder die dich verwirren. Erschaffe in dir, wie in einem immerwährenden Lichtbogen, die Überzeugung deiner Göttlichen Freiheit; deines uneingeschränkten schöpferischen Seins in jedem Augenblick. Und handle in Freude im Bewusstsein deines Seins.

In eurer Geschichte, ihr lieben Menschenkinder, hat das Gefühl der Freiheit oder Unfreiheit immer eine große Rolle gespielt. Und weil ihr die Materie durchdringen und erfahren wolltet, und all jene Facetten der Dichte in Göttliches Licht getaucht habt, erlebet ihr sehr oft und auf vielfältige Art die Enge, die entsteht, wenn sich Göttliche Leichtigkeit verdichtet. Und eure Sehnsucht nach Ungebundenheit, nach Freiheit und Selbstbestimmung wurde stark im Anblick der Enge, die ihr erschuft.

Und so habt ihr getan, was die Baumeister tun: Ihr erschuft den Abguss der Form, um die Form darin zu entdecken. So erschuft ihr Enge und Einschränkung, um die Sehnsucht nach eurer Göttlichen Freiheit stark werden zu lassen. Und jetzt ist die Zeit gekommen, wo diese Sehnsucht einen Widerhall findet. Die Abgussform für euer Göttliches Licht und eure Freiheit in Liebe habt ihr bereits erschaffen.

Und nun dürft ihr diese Form erfüllen mit der köstlichen Essenz reinen Göttlichen Lichtes. Und ihr dürft durchatmen in Freiheit und genießen, was ihr herbeigerufen und mit uns erschaffen habt. Ich lade euch ein, meine geliebten Kinder, so oft wie ihr mögt, und nach Möglichkeit immer wieder, die schöpferische

Quelle eures Göttlichen Lichtes in euch aufzusuchen und euch bewusst zu werden, dass Freiheit, innerste Freiheit, euer Geburtsrecht ist.

Und indem ihr euch mit diesem Geburtsrecht sättigt und die Gabe in Anspruch nehmt, die euch gehört, werden sich die äußeren Fesseln, die sich augenblicklich noch als Enge und Unfreiheit darstellen, auflösen. Ihr selbst seid die Entfesselungskünstler. Und ihr selbst dürft jetzt in der Erinnerung an die Jahrtausende verschiedenster Dichteformen die Leichtigkeit und Freiheit Gottes erfahren und leben.

In Liebe und Dankbarkeit.

Nahrung

Seid gegrüßt, meine geliebten Menschenkinder! Ich bin bei euch, zu aller Zeit.

Ihr beobachtet in eurem Leben seit geraumer Zeit täglich neue Veränderungen. Und diese Veränderungen ergreifen buchstäblich jeden Aspekt eures Daseins. Und dadurch, dass sich euer Körper an immer raschere und feinere Schwingungsmuster anpasst, ändern sich auch eure Bedürfnisse, die euer Leben in eurer dreidimensionalen Welt stützen. So werdet ihr feststellen, dass alles, was einmal eure feste Gewohnheit war, nun auf dem Prüfstand steht und zur Veränderung bereit gemacht wird.

Eure Zeiten der Ruhe und Aktivität verändern sich. Manche von euch erwachen nachts und finden keinen Schlaf. Andere wieder fühlen sich müde und schwer und erleben ihre tägliche Arbeit als anstrengend. Auch deine Nahrungsgewohnheiten verändern sich. Manches, was du wie selbstverständlich zu dir nahmst, passt plötzlich nicht mehr. Und dein Körper reagiert mit Abneigung oder mit dem plötzlichen, dringenden Bedürfnis, anderes aufzunehmen.

Und auch die Zeiträume, die du aktiv mit irgendeiner Tätigkeit beschäftigt bist, verändern sich. Oft wirst du das spontane Bedürfnis verspüren, dich in der Natur aufzuhalten, Ruhe und frische Luft zu genießen. Die Gemeinschaft mit Menschen verändert sich. Da, wo du früher manchmal den lustigen Austausch über irgendwelche Neuigkeiten und Informationen gesucht hast und Spaß daran fandest, dich einfach zu zerstreuen, erlebst du jetzt eine neue Form der Bündelung und ein Bedürfnis, dich auszurichten und zu versammeln in dir.

Und so ist dein ganzes Leben einer Veränderung unterworfen, und nichts bleibt anscheinend, wie es war. Und ich bitte euch, meine geliebten Menschenkinder, wahrzunehmen, dass der wichtigste, bedeutsamste Teil von euch jenseits von Zeit und Raum unveränderlich im Göttlichen Licht ist. Und hier findet ihr die Kontinuität und Verlässlichkeit, die euch manchmal in eurem alltäglichen Leben zu entschwinden scheint. So könnt ihr immer dann, wenn die Unruhe zu groß wird, diesen Ort der Geborgenheit in euch selbst aufsuchen und euch dort in der Liebe des Geistes ernähren und stärken lassen.

In diesen Zeiten der Veränderung ist es besonders wichtig, meine geliebten Kinder, dass ihr übt, zu lauschen, welches in jedem Augenblick ein echtes Bedürfnis ist. Lasst euch hierbei von den vielen, unzähligen Energieformen und Wesenheiten helfen, die im Universum bereitstehen, um euren Weg zu stützen. Bittet um die Hilfe und Anleitung aus der Quelle eurer inneren Weisheit. Bittet all die Engel und göttlichen Familienmitglieder, euch Hinweise zu schenken, die es euch leicht machen, die jeweils notwendige Entscheidung zu finden und zu treffen. Und unterzieht, wenn möglich, jede, auch die kleinste, alltägliche Tätigkeit dieser Prüfung.

Beendet automatische Handlungen, die sich als Gewohnheit eingeschliffen haben. Und fragt immer wieder nach innen: Ist es das, mein liebes Selbst, was ich jetzt gerade brauche? Und übt euch darin, die Antwort zu erlauschen, und geht mutig daran, die Tat danach auszurichten.

Ihr werdet feststellen, dass in dieser Zeit jede Form der Regelhaftigkeit dahinschmilzt. Und da, wo ihr euch daran gewöhnt hattet, eine bestimmte Weise der Ernährung zu praktizieren, werdet ihr erfahren, dass euer Körper, manchmal ganz plötzlich, ein anderes Verlangen hat. Und immer dann, wenn ihr euch gut fühlt, leicht, voll Freude und Frieden im Herzen, war eure Wahl die passende. Und immer dann, wenn ihr euch nicht im Gleichgewicht befindet, wenn sich Unruhe und Gereiztheit ausbreiten, die Gedanken euch ermüden, wenn ihr ohne Lust und Freude in eurer Arbeit steht, ist dies ein Hinweis auf die Not-Wendigkeit einer neuen Anpassung.

Und während ihr euch diesem Prozess des Erforschens und Erkennens aussetzt, meine liebsten Kinder, lernt ihr das tiefe, eindeutige Vertrauen in eure eigene Göttlichkeit. Und je mehr euer äußeres Leben zu schwanken scheint, desto mehr zentriert euch in dieser Wahrheit. Und dann übt euch darin, ohne Werturteil und ohne Festlegung wirklich zu erforschen, was in jedem Augenblick das Beste für euch ist.

Erkennt die Nahrung, die ihr braucht im Körperlichen. Erkennt den Rhythmus aus Ruhepausen und Aktivität, die euch gut tut. Erkennt das Maß und die richtigen Momente und die Art der Begegnungen mit anderen Menschen, die euch gut tun. Überprüft eure Freizeitgewohnheiten und lernt zu unterscheiden zwischen Zerstreuung und Sammlung. Und die einfachste Übung ist diese: Beobachte dich in Freundschaft und entspannter Haltung, mein geliebtes Menschenkind. Und werde dir bewusst, in welchen Momenten dein leuchtender göttlicher Kern aus Liebe und Weisheit wirklich spürbar wird, für dich und die Mitmenschen um dich herum. Und diese Momente wähle, wenn du magst.

Und die Momente des Unbehagens, der Anspannung und Verwirrung nimm hin als Zeichen dafür, dass du jetzt gerade Abstand hältst von deiner innewohnenden Göttlichkeit. Und ohne zu unterscheiden in besser oder schlechter wähle das, was dir im jeweiligen Augenblick als angemessen erscheint.

Während ihr übt zu wählen, meine geliebten Kinder, werdet ihr euch Schritt für Schritt eurer wirklichen Bedeutung bewusst.

Und die Anerkennung, die ihr euch oft durch andere Mitmenschen erhofft, wächst dann wie eine zarte Pflanze in euch selbst. Und indem ihr euch die Zeit und den Raum nehmt, diese Pflanze der eigenen Anerkennung, der wirklichen Selbst-Erkenntnis, zu pflegen, tretet ihr Schritt für Schritt euer wahrhaftiges Erbe als Kinder Gottes an.

In Liebe und Dankbarkeit.

Das Höhere Selbst

Ich grüße euch, meine liebsten Kinder. Und in euch grüße ich das Göttliche Selbst, das eins ist mit mir und allem, was ist. Und wenn du, geliebtes Menschenkind, jetzt Kontakt zu deiner inneren Göttlichkeit aufnimmst, sind wir Eins, du und ich, mit allen anderen und allem, was ist, jetzt.

Ihr kennt die Ebenen der innersten Weisheit und Herzensliebe in euch. Und manche von euch kennen die wirklich wunderbaren Momente göttlichen Einsseins. Manche von euch nennen diese eure Ebene des göttlichen Einsseins das Höhere Selbst. Und mit diesem Begriff zeigt ihr auf, dass ihr „selbst" es seid, um die es geht. Und in dem Begriff des „Höheren" deutet ihr gleichzeitig an, dass eine feinere, raschere und höhere Schwingung lebendig ist, wenn ihr euch mit diesem, eurem Selbst vereinigt.

Und in den früheren Traditionen spiritueller Schulen und Religionen auf eurem Planeten wurde diese feinere, höhere Schwingung, diese rasche, lichtvolle Vibration Göttlicher Liebe, gleichgesetzt mit „gut sein" und manchmal auch mit der Annahme, besser zu sein als andere. Und in der jetzigen Zeit ist es ganz besonders wichtig, meine geliebten Kinder, aufzulösen, was in diesem Sinne trennt. Seid euch bewusst, dass ein jedes von euch Anteil hat an allen Schwingungsfrequenzen der gesamten Schöpfung. Und werdet euch bewusst, dass ausschließlich eure Hinwendung zu den verschiedenen Vibrationen und Thematiken darüber entscheidet, welchen Anteil des ganzen Einen ihr gerade erprobt und erfahrt.

So wie ein Fotograf die Möglichkeit hat, mit unterschiedlichen Linsen und Objektiven unterschiedliche Aspekte des einen ganzen Bildes in die Betrachtung zu nehmen und zu betonen, so entscheidet ihr, meine liebsten Kinder, in jedem Augenblick darüber, welche Schwingung und welches Selbst ihr gerade in eure Identifikation nehmen möchtet. Du, mein geliebtes Menschenkind, entscheidest, ganz gleich, ob bewusst oder unbewusst, darüber, wer du bist und welche der unendlich vielen Facetten des einen Göttlichen du gerade in die äußere Lebensform bringen möchtest.

Und in euren dreidimensionalen Bedingungen der Zeit bedeutet dies, dass ihr in jedem Augenblick in den verschiedenen Ebenen eures Seins, in den Gedanken, Gefühlen und Handlungen und auch in den Äußerungsformen eures körperlichen Seins die Wahl zwischen den unendlich vielen Möglichkeiten des einen Göttlichen trefft. Und wie eine Komposition aus vielen, vielen Stimmen im Orchester bildet ihr eure geformten Erscheinungen in dieser Welt. Und manche der Stimmen im Orchester sind leise, andere lauter; manche sind sanft und nachhaltig, andere wieder rhythmisch und eindrucksvoll. Und all das bist du, in jedem Augenblick.

Wenn ihr also von eurem Höheren Selbst sprecht und davon, euch mit diesem Höheren Selbst zu verbinden, um den Aufstieg möglich zu machen und euer lichtvolles Potenzial in Anspruch zu nehmen, dann seid euch bewusst, meine geliebten Kinder, dass dieses Höhere Selbst eine der zahlreichen Stimmen eures Orchesters ist.

Und es mag sein, dass ihr diese Stimme mit ihrer Melodie ganz besonders schätzt. Und immer dann, wenn diese Stimme und diese Melodie erklingt, empfindet ihr vielleicht Freude und Frieden in eurem Herzen. Und so kann es geschehen, dass ihr diese Melodie ganz besonders begrüßt und herbeisehnt. Und gleichzeitig erinnert euch, meine liebsten Kinder, dass all dies ohne Bewertung geschehen darf. Denn auch all die anderen Stimmen eures Orchesters, auch die, die euch wachrütteln, vielleicht sogar stören oder einen Moment lang erschrecken, sind Teil des Ganzen. Und was wäre die Symphonie, das Zusammenspiel all dieser Vibrationen, ohne den Paukenschlag oder ohne den aufrüttelnden Ruf der Blasinstrumente.

Lernt, sie alle lieb zu halten und wert zu schätzen, die Stimmen eures persönlichen Orchesters. Und seid euch bewusst, dass ihr, ein jedes von euch, als Dirigent der eigenen Symphonie darüber bestimmt, wann welches Instrument ins Spiel kommt, welche Lautstärke und Rhythmik es im Ganzen übernehmen soll, und wann es darum geht, zu wechseln und die Melodieführung einer anderen Stimme anzuvertrauen. Erfreut euch an der wunderbaren Möglichkeit, euer Orchester zu dirigieren. Erfreut euch an den Klängen, Erfahrungen und Vibrationen, die ihr selbst dadurch kennenlernt. Erlaubt all diesen Vibrationen, durch euch zu strömen.

Und erfreut euch darüber hinaus daran, dass ein großes Publikum in vielen Ebenen und in verschiedenen Universen der Symphonie eines jeden von euch mit Begeisterung und in Dankbarkeit lauscht.

In Liebe und Dankbarkeit.

Meisterschaft

Geliebte Menschenkinder, seid gegrüßt und umarmt und empfangt den Segen des einen Göttlichen Lichtes, das eures ist. Seid gesegnet und genährt und gestützt von dieser Quelle allen Seins, mit der ihr verbunden seid auf unauflösliche Weise.

Da ihr diesen Text lest, erscheint es als eure Wahrheit, dass ihr euch aufgemacht habt, den Aufstieg ins Licht zu erfahren. So seid ihr dem Ruf eurer Seele gefolgt, habt die Sehsucht eures Herzens ernst genommen und begonnen, die vielschichtigen Prozesse der Reinigung und Transformation zu durchlaufen, die damit einhergehen.

Und vielleicht sind manche unter euch in der Hoffnung und Sehsucht, Meisterschaft zu erlangen auf diesem Weg der göttlichen Heimkehr. Und in vielen Schulen all eurer Kulturen wurde diese Meisterschaft als das Ziel menschlicher Entwicklung beschrieben. Und in allen Kulturen und Zeiten gab es die Älteren, die Weisheit gesammelt hatten und den Weg gegangen waren und die die Jüngeren darin anleiteten, was zu tun sei, um diese Meisterschaft zu erlangen.

Und ich sage euch jetzt, meine geliebten Kinder: Ihr seid es in jedem Augenblick! Eure Meisterschaft lebt in euch! Und euer Weg ist der kürzest denkbare! Mit dem Impuls eines Gefühls oder eines Gedankens, mit dem Moment der Hinwendung an euer Herz seid ihr in der Meisterschaft im selben Augenblick. Und immer dann, wenn es euch gelingt, ohne Wertung und mit der anerkennenden Freude Göttlicher Liebeskraft im Leben zu stehen, seid ihr die Meister der menschlichen Entwicklung im selben Augenblick.

Und all die Übungen und Hinweise, die Zeiten der Disziplin und Versagung, die frühere Lehrer von euch forderten, um euch der Meisterschaft nahe zu bringen, mögt ihr prüfen im Hinblick darauf, ob sie jetzt, in dieser Zeit, wirklich notwendig sind. Und es mag sein, dass die eine oder andere Übung euch dient, den bewussten Raum eures Herzens zu erkunden und eure Göttlichkeit in euer bewusstes Sein aufzunehmen.

Und immer dann, wenn euch eine Übung Freude macht, Entspannung schenkt und das Gefühl gibt, wertvoll und geliebt zu sein, immer dann ist diese Übung zu diesem Zeitpunkt passend für euch. Und immer dann, wenn ihr große Mühe habt und wenn es euch schwer fällt, die Übungen zu praktizieren, immer dann, wenn ihr Schmerz, Entbehrung oder Anstrengung empfindet, dann wisst, meine geliebten Kinder, dass ihr euch ein wenig von dem bewussten Erleben eurer Göttlichkeit entfernt habt.

Und wie einen Kompass könnt ihr dies zu Hilfe nehmen: Die Meisterschaft im neuen Zeitalter lebt in euch in jedem Augenblick. Und mit eurem bewussten Sein entscheidet ihr darüber, diese Qualität in die Form zu bringen. Und da eure Meisterschaft eine Energie reinster Göttlicher Liebe, verbunden mit Frieden und Leichtigkeit ist, nehmt diese Gefühle und Qualitäten als Leitlinie zu Hilfe, um herauszufinden, wie viel von eurer Meisterschaft ihr in einem bestimmten Augenblick gerade in die Form bringt. Und erinnert euch, meine geliebten Kinder: je mehr Meisterschaft ihr in die Form bringt, umso mehr der Göttlichen Liebe, des Humors, der Leichtigkeit, der Güte, der Geborgenheit und des Genährtseins erfahrt ihr selbst in eurem Leben. Und umso mehr all dieser Qualitäten verströmt und verteilt ihr im Kreise eurer Brüder und Schwestern.

Da ihr den Frieden auf der Welt so sehr herbeisehnt, und da Millionen und Milliarden von euch jetzt im Herzen um Erleichterung ihres Lebens bitten, lade ich euch ein, meine geliebten

Kinder: Akzeptiert und anerkennt eure Meisterschaft im Göttlichen Sein jetzt! Und übt euch darin, die Qualitäten dieser Göttlichen Meisterschaft in Anspruch zu nehmen, sie zu erschaffen und zu gestalten und miteinander zu teilen – in den Menschengruppen, in denen ihr euch bewegt, und zwischen den Völkern in der Begegnung auf diesem Planeten.

Seid gesegnet, meine Kinder, in der Meisterschaft eures Seins. Und erfreut euch in Liebe an den unzähligen, noch gar nicht in Besitz genommenen Schätzen, die eure sind und darauf warten, von euch erkannt und genutzt zu sein.

In Liebe und Dankbarkeit.

Über die Autorin

Dr. Ilse-Maria Fahrnow ist Ärztin und Diplom-Psychologin. 10 Jahre Mitarbeit in einer familientherapeutischen Einrichtung und 15 Jahre Niederlassung in eigener Praxis für Homöopathie und Chinesische Medizin schenkten ihr einen breiten Erfahrungshintergrund in der Ganzheitsmedizin.

Als zertifizierte NLP-Trainerin und systemische Familien- und Organisationsaufstellerin leitet sie seit vielen Jahren wachstumsunterstützende Gruppen. 2001 machte sie ihr spirituelles Privatvergnügen zum Beruf. Als hellsichtige Energieheilerin und Channel unterstützt sie Menschen gezielt in ihrem Heilungs- und Entwicklungsprozess.

Adresse:

Dr. Ilse-Maria Fahrnow
Wörthstraße 43
D - 81667 München

Veröffentlichungen:

Feng Shui in der Küche, zusammen mit Jürgen Fahrnow und Günther Sator, Verlag Gräfe und Unzer, München 1999

Feng Shui und die 5-Elemente-Küche, zusammen mit Jürgen Fahrnow und Günther Sator, Verlag Gräfe und Unzer, München 2000

Fünf Elemente Ernährung, zusammen mit Jürgen Fahrnow, Verlag Gräfe und Unzer, München, komplett überarbeitete Neuauflage, 2005

Jin Shin Jyutsu – Ein Praxisbuch, Knaur Taschenbuch Mens Sana, München 2002

Die Heilkraft Ihrer Hände – Selbsthilfe mit Jin Shin Jyutsu, Knaur Verlag, München 2004

Gesundheit und Spiritualität, Selbstverlag, München 2005

Lesen Sie in diesem Zusammenhang auch folgende Werke der Göttlichen Mutter Maria und anderer ihrer Aspekte in Veröffentlichungen unseres Verlages:

Marias Botschaft an die Welt
ISBN 3-924161-62-3

Marias Botschaft an unsere Familien, Bd. 1 & 2
ISBN 3-89568-004-4 & 3-89568-015-X

Marias Botschaft der Hoffnung
ISBN 3-89568-028-1

Werkzeuge der Schöpfung
ISBN 3-89568-134-2

Leben ohne Tod
ISBN 3-924161-76-3

Stonehenge im Lichte der Auferstehung
ISBN 3-89568-117-2

Meditation an der Lichtpyramide
ISBN 3-89568-136-9

Green Hills. Gespräche mit der Königin der Herzen
ISBN 3-89568-070-2

Die Göttliche Mutter über die Zukunft von Ehe und Familie
ISBN 3-89568-000-1

Meditation der Liebe
ISBN 3-89568-140-7

Herzensschwingung, CD 1 & 2
ISBN 3-89568-141-5 & 3-89568-142-3

erschienen im ch. falk-verlag